幼兒遊戲

Early Childhood Play

黃志成、林少雀、王淑楨◎著

序

　　幼兒生活即遊戲，舉凡幼兒的生活從早到晚，除了睡覺以
外，不論是吃飯、睡前、排便等，均在遊戲中進行。遊戲在生理上
可以促進幼兒身體發展、動作發展；在心理上可以增進幼兒智能發
展、認知發展、創造力發展、情緒發展、語言發展、道德發展、人
格發展等；在社會上可以增長幼兒社會行為發展，有利於培養幼兒
人際互動的技巧。可惜自古以來，幼兒遊戲均受到成人或多或少
的壓抑，古人認為「勤有功，嬉無益」，或說「業精於勤，荒於
嬉」，現代人則常以「規矩」的教育，禁止幼兒很多遊戲活動，這
對幼兒身心發展實有不利的影響。有鑑於此，本書作者擬基於個人
之專業，合力撰寫這一本書，其目的乃在對遊戲理論與實物的介
紹，喚起為人師表及父母者在教養幼兒時，重視幼兒遊戲。

　　本書共分九章，第一章緒論，主要敘述幼兒遊戲的意義、重
要性，遊戲的特質與學說，影響幼兒遊戲的因素及遊戲的種類，以
及提醒讀者遊戲的新觀念；第二章幼兒遊戲的理論基礎，說明幼兒
遊戲是基於心理需要、生理需要和社會需要；第三章幼教專家的幼
兒遊戲實務，介紹F. W. A. Froebel及其恩物，M. Montessori及其教
具，J. Piaget及其認知遊戲；第四章幼兒遊戲的發展，主要內容包
括遊戲與幼兒發展、初生到六歲的幼兒遊戲發展；第五章幼兒遊戲
的玩物，介紹玩物的意義、種類及安全、幼兒遊戲與玩具；第六章
幼兒遊戲的場所，介紹家庭遊戲室、庭院之遊戲場、戶外及郊外、
幼兒教保機構遊戲場和社區中心；第七章幼兒遊戲與教學，闡述遊
戲教學的價值、遊戲教學的應用原則、遊戲教學的特性、幼兒遊戲
應用實務；第八章幼兒遊戲的觀察與記錄，介紹遊戲的軼事記錄，

i

遊戲的觀察量表與記錄；第九章特殊幼兒的遊戲，介紹特殊幼兒遊戲的行為、無障礙的特殊幼兒遊戲、促進特殊幼兒遊戲的方法及遊戲與評量。

本書撰寫之內容考量各領域讀者之需要，包括大專院校幼兒教育系及幼兒保育系等相關科系、高職幼保科及家中有幼兒之父母親，期能提升讀者相關理論及實務之專業知識。

本書承蒙揚智文化公司負責人葉忠賢先生及閻總編輯富萍小姐鼎力協助出版，特申謝忱。內中如有不當之處，尚請讀者不吝提出指教。

中國文化大學青少年兒童福利研究所教授

黃志成 謹識

2010年9月

目　錄

第一章

緒 論

　　一個人從出生到老死，大致可以分為七個階段，即嬰兒期、幼兒期、兒童期、少年期、青年期、中年期和老年期。每一個時期，在整個人生的旅途中，都扮演著不同的角色，例如，一個嬰兒出生到這個世界來，所處的環境，是全然的陌生，在處處探尋、摸索下，可以說是一個無法獨立的個體，時時需要父母親細心的照顧；可是，當他長大成人後，結婚生子，自然地負起了養育下一代的責任，又是為父為母的身分了。由於扮演的角色不同，每一個階段的生活方式也就不一樣，學齡兒童以讀書、學習為主；成人則為事業、家庭努力；老人歷盡滄桑，應能安享天年；至於幼兒的生活，則以遊戲為主。我們可以看到，幼兒除了睡眠以外，可以說是完全處在遊戲的生活裡，就連吃飯也不例外，幼兒的遊戲就是幼兒的第二生命，這話一點也不為過！

　　既然幼兒生活即是遊戲，由此推繹，幼兒的身體發育、心理發展皆在遊戲中成長，可見遊戲對幼兒是多麼的重要，本書有鑑於此，乃針對幼兒（含嬰兒期）遊戲的理論與實際做一剖析，同時，因為幼兒期其上承嬰兒期，兩者關係密不可分，所以探討範圍，將從出生嬰兒期到幼兒期，亦即探討學齡前的幼兒遊戲。

 ## 第一節　幼兒遊戲的意義

　　遊戲一詞的英語play最常被解釋為「有趣的」、「好玩的」或「娛樂」（吳幸玲、郭靜晃譯，2003）。遊戲是一種愉悅且自發性的活動。遊戲的德語Speil在字面上含有幼兒將自己內在世界自由表現出來的意義（Ellis, 1973），可知遊戲是一種順應幼兒心理發展狀態，開展自己內心的心理性活動。綜合中、英、德三種語言對「遊戲」的解釋可知，遊戲是幼兒在不受壓力之下，所從事的有

趣味性且自發性活動，可爲幼兒帶來歡樂及愉悅。舉凡我們心智及身體的活動均屬之，甚至於睡眠與工作，亦莫不與遊戲有關，所以說，凡以強身與娛樂爲目的，不論有無固定組織與正式規則規定的身心活動，都可稱爲遊戲。

　　至於幼兒遊戲，當然是指幼兒期的一切遊戲活動，幼兒的生活「飢則食，飽則嬉，倦則眠」，可見遊戲在幼兒生活中所占的地位。愛好遊戲是幼兒的天性，遊戲之於幼兒，就像生命之於有機體一樣，是自然的事。遊戲是幼兒的工作，是自動參與的，沒有成人的強迫與介入。幼兒期可以說是人的一生中，最懂得遊戲以及最能享受遊戲樂趣的時期。不管是處在何種文化背景下的兒童，都喜歡玩「遊戲」，也都會模仿或經由互動來創造「遊戲」。幼兒也從遊戲當中去體驗生活，探索周遭世界的奧秘，透過遊戲去嘗試他的想法與看法，去發揮他的想像力與創造力，甚而發洩他的情緒，並由其中發展同儕關係（陳淑敏，2005）。

　　綜合上述，遊戲是啓迪幼兒各種能力的最好方法。舉凡幼兒生活中的一切活動，不管是個人的或團體的，有組織的或無組織的，均可稱爲幼兒遊戲。就心理學的觀點而言，幼兒遊戲是漸次發展，漸次分化的，由簡單至繁複，由無組織至有組織；就教育學的觀點而言，吾人就必須根據教育原理，在遊戲中，誘導幼兒身心健全發展；就社會學的觀點，幼兒遊戲是幼兒社會化最有效的途徑，吾人可利用幼兒遊戲，幫助幼兒建立各種良好的人際關係；就生理學的觀點，幼兒遊戲是根據生理狀況，包括：健康、身體發育、平衡、大小肌肉發展、粗細動作發展等來從事遊戲活動。林晉榮（2004）指出，動作發展不僅可以幫助幼兒的智慧、情感跟身體的成長，更可以透過運動來追求樂趣，表達自我，發展動作技能，不僅讓孩子由各種活動的學習，瞭解自己的興趣，加深環境的認識，更能獲得豐富的生活技能與體驗。

第二節 幼兒遊戲的重要性

　　早期的教育學家如J. A. Comenius、Jean Jacques Rousseau、Johann Pestalozzi、Friedrich Froebel等教育大師，都主張讓幼兒自在快樂地遊戲，讓幼兒在遊戲中學習（吳幸玲、郭靜晃譯，2003）。福祿貝爾更強調遊戲是幼兒生活中最重要的部分，他認為遊戲不僅為幼兒帶來快樂，遊戲更讓幼兒發展智能，遊戲對幼兒的意義，是一種「自發性的自我教育」，所以他把遊戲列為幼稚園中最重要的「課程」。M. Montessori則強調兒童天生的「主動性」，認為遊戲就是兒童的「工作」，兒童在遊戲中主動學習。John Dewey則認為兒童「寓工作於遊戲」，兒童透過遊戲學習。E. H. Erikson也強調，遊戲對兒童建立「自我認同」的重要，他認為兒童透過遊戲中的同伴互動，增進兒童的社會能力、建立自尊；J. Piaget認為，兒童透過遊戲來練習日常生活中學習到的新技巧，並讓舊技巧更為成熟。L. S. Vygotsky則強調，兒童遊戲不但能增進兒童的情緒發展，更強調遊戲中情緒與智能的交互作用，兒童同時在遊戲中學習思考與挑戰自己的觀點（陳淑敏，2005）。

　　事實上，近年來有許多研究皆已證實遊戲對於幼兒在認知發展（Bodrova & Leong, 2003; Callaghan & Rankin, 2002; Watson & Guajardo, 2000）、語言發展（Daniels, 2002; Dickinson & Tabors, 2001; Dodge & Phinney, 2002）、社會發展（McClellan & Katz, 2001）、情緒發展（Cervantes, 2002; Galyer & Evans, 2001; Veale, 2001）以及動作發展（Clements, 2000）均極為重要，研究結果皆顯示，遊戲有助於這些領域的發展。

　　綜合上述，教育專家對幼兒遊戲雖有不同的見解，但都同時

強調遊戲對幼兒的重要性。遊戲對幼兒的影響，包括身心發展、智能開發、認知學習、人格養成、社會能力等等，因此遊戲對幼兒的重要性不可輕忽。以下將說明幼兒遊戲對幼兒發展與幼兒學習的重要性：

一、幼兒遊戲增進幼兒發展

從不同角度觀看遊戲，有些人會提出不同的聲音。其中一派認為遊戲是種浪費時間、無意義的行為，反對學校提供遊戲的時間；另外一派則認為遊戲有助於幼兒社會技能、創造力、認知能力和情緒等方面能力的發展，認為遊戲是學前幼兒所特有的一種學習途徑（簡楚瑛，2003；張翠娥、吳文鶯，2002）。而遊戲本身可促進以下發展（郭靜晃、陳正乾譯，1999；段慧瑩、黃馨慧譯，2000；黃志成、王淑芬、陳玉玟，2008；Whitington & Floyd, 2009）：

1. 動作技能：包括體能、知覺動作（即感覺器官能否正確地接收訊息，並做出適當動作加以反應）與移動技能（包含基本的運動技能、操作技能及平衡技能）的發展。
2. 認知發展：認知能力的發展是幼兒時期一個重要的里程，幼兒階段的重要任務是認知的發展。認知發展包含智能、物體恆存概念、保留能力、問題解決能力等。
3. 創造力：創造力的內涵包括：敏感性、精進性、流暢性、變通性、獨創性，幼兒在遊戲中，自然能培養上述的能力；以變通性為例，一些幼兒可能在玩扮家家酒時，每次玩的情節都一樣，在覺得無趣時，一位幼兒突然想出新的情節，此即為創造力的表現。

4.語言發展：遊戲提供幼兒很多語言互動的機會。所以語言在遊戲中扮演重要角色，而遊戲在語言發展上亦有重要地位。

5.情緒：就消極面而言，當幼兒有一些負面情緒時，透過遊戲，可以紓解情緒，如焦慮、恐懼等；就積極面而言，喜歡遊戲是幼兒的天性，常常在遊戲的歡樂中，自然能培養幼兒正向的情緒。

6.社會能力：遊戲提供幼兒發展社會技巧的許多機會，如：合作、助人、商議、與他人談話等，因而促進其社會能力的發展。

另外，在美國國家幼兒教育聯盟（The National Association for the Education of Young Children, NAEYC）制訂的《發展合宜實務》中，其指導原則的第九項亦強調「遊戲可以促進並反應幼兒的社會、情緒，以及認知發展」（Bredekamp & Copple, 1997）。

Moyer（2001）在國際兒童教育協會（The Association for Children Education International）的「以兒童為中心的幼稚園：立場白皮書」（The Child-Centered Kindergarten: A Positon Paper）中，提出兒童的身體、社會、情緒、智力的成長與發展是重要的全人教育，並且建議「遊戲是必需的」，是構成一個以兒童為中心的幼稚園之重要因素之一。

由上可知，不僅國際幼教團體、學者對幼兒遊戲之重視，且遊戲能促進幼兒全面性的身心發展。

二、幼兒遊戲與學習有密切關係

遊戲與學習相互之間有密切關係，Andreas Flitner表示，幼兒的遊戲與學習是分不開的，因為遊戲在本質上就是要完成幼兒的

學習與幼兒的生活經驗（引自潘怡吟，2001）。在遊戲中，兒童學習到遵守規則有利於活動的持續和參與能力的提升（楊志顯，2004）。在Sanders與Graham（1995）的研究亦顯示，幼兒以遊戲方式來認識這個世界。在文獻中，學者A. E. Gottfried在一九八五年提出了三個論點解釋幼兒遊戲的理由（引自吳凱琳，2000）：

(一)認知的差異

所謂的認知差異（cognitive discrepancy）源自幼兒的好奇心。他們往往會被與他們原先認知結構不一致的或複雜的事物、情境所吸引，而引起他們的好奇，並且從驚奇的探索中得到愉悅。

(二)能獲得自信心與能力感

幼兒能從遊戲中獲得自信心與能力感（competence/mastery），因此遊戲是幼兒用來控制環境的一種方法。換言之，幼兒若能夠有自由選擇活動的機會，就比較容易去選擇適合自己的能力和興趣之活動。相對的，幼兒便比較容易成功，進而從成功中肯定自我，建立自信，也就更願意接受進一步的挑戰。因此，在遊戲過程中若能提供幼兒成功的經驗，幼兒便可從中建立自信心與能力感。

(三)能享受遊戲本身的樂趣而沉浸其中

就幼兒而言，本身並不會去區別什麼是遊戲，什麼是學習，什麼是工作，他們對遊戲是自發性的，他們天生有好奇心，想要學習。

在《愛彌兒》（*Emile*）一書中的「自由教育」即主張，幼兒在遊戲活動中所獲得的知能，百倍於教育中的正式教育（Johnson, Christie, & Yawkey, 1987）。幼兒的生活即是遊戲，幼兒的生活

與遊戲實在難以分開。J. Dewey所說：「寓工作於遊戲」，意思是指幼兒工作時，應該用遊戲的方式來進行，在遊戲中達到學習的目的。幼兒在吃飯的時候，常常會邊吃邊玩，大人則是以責罵的方式來處理這個問題，實在不甚合理，因為遊戲是幼兒的天性（attribution）啊！人類的一些基本行為，若能在有關生理構造成熟之前，隨時予以刺激，就可以加速其發展；若能在有關生理構造達於成熟之際，及時發現，而加以訓練，往後則能運用自如。反之，如無法刺激和利用這些本能，則將漸漸退化，甚至消失，這是何等的不幸啊！因此，如能在幼兒時期，就從遊戲中予以心智上的刺激，則有助於心智的發展；予以身體上的刺激，就能促進幼兒身體的發展。

幼兒期在整個人生是何等重要。既然幼兒生活即是遊戲，遊戲可促進發展，遊戲也可增進發展與學習，相信透過遊戲，除了使幼兒生活愉快外，更能促進幼兒身心健全發展，進而為國家培育出優秀的下一代，可見幼兒遊戲是何等的需要被重視啊！

 第三節　幼兒遊戲的特質

現代一般教育學家、心理學家皆已否認兒童是成人的縮影，兒童和成人，無論是在心理或生理上，都有很大的差異，我們不能以衡量成人的眼光來衡量兒童，對於幼兒就更不用說了。所以在遊戲方面，幼兒與成人應該不同，我們如果用成人的遊戲方式和方法來教育幼兒，那是錯誤的。要對幼兒遊戲有一正確的認識，首先要瞭解幼兒遊戲的特質，那麼幼兒遊戲有哪些特質呢？

Frost（1992）綜合眾多學者對「遊戲」的特質說明如下：

1.遊戲是歡樂的來源。

2.遊戲的進行在於強調其本身即是遊戲,而不在乎其結果如
  何。

3.遊戲沒有外在強加的規則。

4.遊戲是自願、自發的。

5.遊戲中,每個人都是主動的參與者。

6.遊戲出自於遊戲者之內在動機。

綜合各家學者對遊戲的特徵歸納了下列幾點:

1.遊戲是由幼兒直接主動引起的,遊戲的動機就是遊戲本身,
  是自在逍遙的。

2.遊戲是幼兒一種美的享受,是歡樂、滿足及愉悅的情緒流露。

3.幼兒滿足於遊戲過程,而不去想或不大注意遊戲結果會帶來
  什麼。

4.遊戲是幼兒探索、表達及釋放內在自我之途徑。

5.幼兒將以前獲得之印象,在遊戲中重新組合,創造新的世
  界。

Wood和Attfield(1996)依據過去研究的結果,將遊戲定義的
特質綜合歸納如下(引自魏渭堂,1999):

1.遊戲最大的吸引力來自於活動中的滿足感,是由個人引發出
  來,既不被基本需求或驅力所促動,也不是被社會要求所掌
  控。

2.遊戲者關心活動過程甚於活動目標。目標是強加的,而遊戲
  的行為則是自發的。

3.遊戲發生於熟悉的物體,或對不熟悉物體進行探索。兒童自

會對遊戲活動賦予他們自己的意義，並且自己來控制遊戲活動。

4.遊戲活動可能不是實際的。

5.遊戲不受外在強制的規則所約束，並且存在的規則可以被遊戲者修改。

6.遊戲需要遊戲者的積極參與。

Fromberg（1999）依據各家理論觀點，認為幼兒遊戲之定義特質為：

1.**遊戲是象徵性的**：認為幼兒以「有如……」或「若是……又怎麼樣？」等想像性的態度來進行遊戲。

2.**遊戲是有意義的**：認為遊戲與幼兒之經驗相聯結或彼此有關係。

3.**遊戲具主動性**：幼兒是主動去從事遊戲行為的。

4.**遊戲是愉悅的**：即使是嚴肅的遊戲活動，幼兒仍是感覺愉悅的。

5.**遊戲是自願且由內在動機所激發**：幼兒遊戲之動機不論是好奇、熟練或其他，皆是自願性且由內在動機所驅動的。

6.**遊戲由規則所導引**：認為不管是內涵或外顯，遊戲具有其規則。

7.**遊戲是一段插曲**：遊戲是幼兒朝目標躍進時，自然而然發展的一段插曲。

綜合各家對遊戲的論點，筆者將遊戲之主要特徵歸納如下：

一、遵循一定的發展模式

　　幼兒最初的遊戲是為了滿足感官所受的刺激而發出的自由活動，內容都是一些很簡單的動作，例如和一個八個月大的嬰兒玩捉迷藏的遊戲，只要用雙手將一方的臉遮著，然後再打開，也就可以玩得很開心。以後隨著身心的發展，遊戲的方法也漸趨複雜，一群五、六歲的幼兒玩捉迷藏時，以手遮臉，已不能滿足他們生理、心理的需求，必須改為用手帕蒙住眼睛，而且是在一個較大的空間裡進行。周圍被捉的幼兒，又叫又跳，顯得緊張刺激，這比起從前要複雜多了。所以說，幼兒遊戲是由簡單到複雜，由無組織到有組織，由無目的到有目的，循著一定的模式進展。

二、隨著年齡的增加而有所變化

　　幼兒遊戲的種類隨年齡而變化，大致來說，年齡愈大，種類愈多，但是有些較簡單的遊戲會隨著年齡的增加而被淘汰，例如一個未滿周歲的嬰兒，給他一個搖鈴，他會玩得很起勁，但是到了五、六歲時，搖鈴已提不起他的興趣了，他需要其他更複雜、更新奇的遊戲（玩具）。幼兒參加遊戲活動的時間也隨年齡的增大改變，幼兒年紀愈小，愈無法專心於某一遊戲活動，雖然是非常有趣的活動，但是幼兒玩不上幾分鐘，就會轉移目標，這種情形，會隨年齡的增大而變化，也就是專注力加強，活動時間增長。此外，在幼兒遊戲中，身體上的活動，隨著年齡的增長而減少了。我們常常看到躺在搖籃上的嬰兒，當他手上拿著玩具或是拉著衣服、棉被時，真是手舞足蹈，全身一起運動，但是隨著年齡增長，這種情形逐漸減少，一個四歲的幼兒剝糖果時，全身的顯著活動，僅僅

集中在手部和頭部，身體的其他部位都可以保持不動。Robinson、
Anderson、Porter、Hart與Wouden-Miller（2003）指出，幼兒的平
行遊戲是會隨著幼兒年齡的增長而成熟，從獨立玩相似的遊戲「平
行－投入遊戲」（parallel-engaged），轉變為與他人有互動的「平
行察覺遊戲」（parallel aware play），再逐漸進入「簡單的社會性
遊戲」，最後才進入比較複雜、有組織性、建構性和社會戲劇性的
扮演與合作性的社會性遊戲。足見遊戲會隨著年齡而有變化。

三、幼兒遊戲是冒險的

　　幼兒生活在這個多彩世界裡，周圍的一切對他來說都是有趣
的、新奇的，加上幼兒本身好奇心大，模仿力強，所以處處都喜歡
試探，可是他們的思考力、辨別力不足，不論遊戲對他是否合適，
自己能力夠不夠，都會毫不遲疑的去活動，來滿足好奇心和模仿
性，然而，這樣對他來說實在是太冒險了。例如幼兒喜歡玩刀子，
也常因此割傷了手；有些幼兒會跑到馬路上在車輛往來中玩耍，這
些不都是很危險嗎？可是幼兒並不知道啊！因此，幼兒遊戲大都含
有冒險性。Ellen（2009）指出，遊戲雖然都含有冒險性，但幼兒
可在遊戲的互動中學習到克服可能的危險性。

四、活動是重複的

　　幼兒做任何一種遊戲，動作常是重複的，例如我們常常看見
幼兒在椅子上，一會兒爬上，一會兒爬下，好像很忙碌似的。正因
重複練習，才能熟悉遊戲的技巧，使遊戲適應自己，自己適應遊
戲。家長和老師不可認為幼兒不夠端莊，不能安安靜靜地坐好。相
反地，如果能夠利用幼兒這種心理，對該學的動作，如爬到床上睡

覺，加以教導、鼓勵練習，幼兒學會以後，就不需要大人天天抱他
到床上睡覺了。而這些活動不斷的進行，也有助於適應未來的家庭
生活，甚至於職業生活。

五、遊戲是有目的的

　　幼兒可以藉著遊戲來克服困難，或是滿足自己的需要及願
望，舉凡幼兒內心所想的，都可以在遊戲中表露無遺。一個很喜歡
當媽媽的幼兒，常常在扮家家酒時，爭取當媽媽的角色，或是自個
兒抱起洋娃娃自得其樂，就社會學習論的觀點，這種行為固然有些
是模仿作用；但從精神分析論的觀點，也有不少是為了滿足自己的
願望和需要，也就是滿足潛意識的需求。

六、遊戲受文化的影響

　　各種不同文化，各有其特殊的遊戲模式，同文化的兒童們一
代一代都玩那幾種遊戲，台灣的幼兒遊戲中，常有拜拜的項目，這
是海島文化之一，它影響了幼兒遊戲。相反的，台灣的氣候，除
了少數較高的山脈冬天下雪外，沒有雪景，所以幼兒遊戲中，很少
有與雪扯上關係的；但是中國北方的幼兒，卻常常玩堆雪人、拋雪
球的遊戲，這些遊戲的不同，都是受文化不同的影響。荀子《勸學
篇》有「干越夷貉之子，生而同聲，長而異俗，教使之然也」。其
實，這也是文化的影響。

七、幼兒遊戲是自動自發、不拘形式的

　　幼兒的遊戲並不需大人的催促，自己就可以玩起來，這和大

人要他工作是不同的。同時幼兒遊戲較不拘形式,特別是年齡較小的,他們往往不受時間限制, 有時玩到該吃飯或睡覺的時候,仍然不肯罷手;至於遊戲的地點也不固定,室內、室外或是地上、床上,都是他們理想的場所;此外,遊戲的道具也沒有一定的形式,固然以大人買給他們的玩具為主,但家裡的家具、用具也常被他們所採用。幼兒遊戲大都無組織,較小的幼兒,一個人就玩得很起勁,再大的幼兒三兩個人也玩得很好,有時自己玩自己的,誰也不管誰,即使有組織,也不很嚴密。

 ## 第四節　幼兒遊戲的學說

　　幼兒遊戲是出於天性,很多遊戲也不需要大人的教導,自然就會玩得很好。因此,有些兒童心理學家認為幼兒遊戲是一種本能,此種學說固然有它的缺點存在,但是由此可知幼兒是如何的喜歡遊戲,如何的精於遊戲,許多幼兒遊戲的內容,假如大人不去深入瞭解,根本無法想像。也就因為幼兒是如此的需要遊戲,遊戲對幼兒是如此的重要,遂引起許多學者專家的研究,由於這些專家學

者所持的觀點不同，就對幼兒遊戲產生許多不同的學說，有的基於生理學上的觀點，認為幼兒遊戲最主要的原因是精力過剩，因而有「精力過剩說」（super energy theory）的主張。有的基於生物學的眼光，提出「複演論」（recapitulation theory）。總之，見仁見智，各人有各人的主張和看法，以下就對專家學者的看法做一描述（黃志成、邱碧如，1978；Frost, 1992；Johnson et al,1987；吳幸玲、郭靜晃譯，2003）：

一、精力過剩說

　　主張精力過剩說的學者有德國文學家F. Schiller和英國哲學家H. Spencer。他們認為，兒童生活中的重要事項如食、衣、住、行等，都是由他們的父母照顧，甚至代替做了，以致幼兒終日無所事事，而精力也就沒有地方和機會發洩，所以健康的幼兒要靠遊戲來發洩精力。這種學說不無它的道理存在，因為每一個人都有他的工作，學童要去上學，工人要做工，老師要教學，可是幼兒卻無事可做。人都有精力，精力無法消耗，就會無聊難過，幼兒只好藉遊戲來消耗體力，使生活過得充實愉快。可是這個學說在某些地方又無法自圓其說，例如幼兒常玩到筋疲力盡時，仍不肯罷休；而且前面說過，有很多幼兒的遊戲是有目的的，這些目的可能基於模仿、需要或心理上的發洩。因此精力過剩說，只顧到了生理上的因素，而忽略了心理上的因素，這是此說最大的缺點。

二、演練論

　　演練論（practice theory）又稱為生活準備論，主張演練論的學者為瑞士心理學家Groos。Groos認為：幼兒遊戲是為了將來生活

的準備，在遊戲中可以學到許多生活中的本領，這些本領可以奠定將來長大成人時的生活基礎。例如男孩喜歡扮演打仗的角色——即在幼兒時期暴露了「競爭」、「保衛」的男人本色，因為男性將來要在社會上與人競爭，而且要負起保護家庭的責任；女孩喜歡抱洋娃娃，乃是為了將來成人後，需要養育兒女。不可否認的，許多成人的技能，都是從幼兒時代逐漸訓練出來的，幼兒在遊戲中的確學會了許多將來生活上必須具備的技能，生活準備說的理論就是這樣產生出來的。可是此說有很大的缺點存在，因為幼兒具有模仿性，在遊戲中，他們往往只是在模仿大人的動作，並非為將來生活做準備。再說幼兒學狗叫、學貓叫，難道也是為了將來生活做準備嗎？此外，幼兒的幻想，總是千變萬化，怎會常常想到將來要做個大人，現在就必須努力去「演練」，以為將來生活的準備呢？

　　總之，此說過於牽強，立論缺乏根據，特別是忽略幼兒心理的探討。

三、重演化論

　　重演化論又稱複演論，主張的學者為美國兒童心理學家G. S. Hall。他認為幼兒遊戲是重複人類祖先原始的生活；幼兒在遊戲中所表現的態度和動作，都是遺傳的。此學說的要點，在建立人類一種反覆的觀念，以複演論來說明遊戲的起源。Hall以為幼兒的遊戲，無非是複演種族過去的活動，亦即幼兒把人類遠古進化時期的活動反覆於遊戲中。例如人類祖先曾有穴居的生活，所以幼兒喜歡掘洞遊戲，以複演祖先生活的動作。再如原始時代人類祖先與自然搏鬥，與野獸戰鬥，以及與同類戰鬥，所以兒童喜歡戰鬥的遊戲，以複演祖先原始的戰鬥生活。

　　誠然，幼兒某些遊戲的確複演先民之生活方式，這是Hall的立

論根據。但是此一學說也有可以駁批之處，例如幼兒喜歡當太空人，駕駛火箭到月球去，難道這些也是複演祖先的生活嗎？幼兒喜歡玩汽車、飛機，喜歡看電視，難道這些也是複演人類祖先原始的生活嗎？

由此可知，進化複演說實在缺乏客觀的證據，所以令人難以接受。

四、休養說

休養說（recreation theory）又稱鬆弛論，主張此說的學者為Kames，他認為工作之後，可用遊戲來消除疲勞。後來德國體育學者Gutsmuths更大力提倡，他認為遊戲最大的價值，便是供給休養的機會。此說有兩種假定：(1)幼兒心力和體力過剩時，自然喜歡遊戲；(2)幼兒體力過剩，藉娛樂而消散時，心力亦隨著消散而消除疲勞。另一位學者Patrick提出類似的鬆弛論（relaxation theory），他認為幼兒在遊戲中，可以恢復身體上的各種損失，既可休養精神，又可消除疲勞。例如坐著聽故事累了，遊戲便可消除疲勞。因為聽故事是用腦力，遊戲是用體力，所以幼兒聽故事疲勞後，遊戲便是解除疲勞的最好方法。

一個人身心疲勞之後，就必須藉娛樂來消除疲勞，幼兒以遊戲來消除疲勞，是一種很合理的說法。不過遊戲雖然可以消除疲勞，但反過來說，遊戲未嘗不是在增加疲勞，因為幼兒遊戲時，也需要消耗體力啊！所以說此說仍有商榷的餘地。

此說與精力過剩說形成了強烈的對比，一個是在遊戲中可以產生新的精力，一個是要藉遊戲的機會來消耗體力。兩說皆以偏概全，有所缺失。

五、本能說

　　所謂「本能」，係指與生俱有的能力，表示幼兒遊戲是一種本能，不需要學習。主張本能說的學者為W. McDougall，他認為本能有其衝動的力量，各種身體的活動，均由其產生，受其支配。幼兒自然亦受此一衝動力量的影響，展開各種遊戲活動。因此，McDougall認為幼兒遊戲是一種本能的活動，便不無道理了，尤其是許多遊戲為幼兒不待學習就會的，更印證了本能說的理論。然而，本能說在現代心理學上，已受到批評，尤其行為學派心理學者，更是反對本能說，因為行為學派的學者認為幼兒遊戲乃由環境（情境）所引起。所以，幼兒遊戲是否真是出於本能的活動，自然又難以下個定論。

六、生長需要說

　　主張生長需要說（theory of growth）的學者為Appleton。Appleton認為遊戲與身體的構造有關，所以遊戲是滿足身體生長需要的活動。幼兒藉著遊戲的活動，來舒展自己的筋骨，鍛鍊大小肌肉的發育。Appleton的生長需要說也許較有理論根據，因為幼兒在遊戲中，確實可以促進身體各部的發育作用，實為生長的需要而遊戲。但是此說亦有缺點，因為Appleton認為人類生理機能成熟以後，遊戲慾望亦隨之消失，可是大人，甚至老人，都需要遊戲，這即是此說令人費解之處。

七、自我表現說

　　主張自我表現說（self expression theory）的學者為Mitchell，她認為人是活動的生物，所以活動便是生命的基本需要。Mitchell根據人體的構造、生理的需要、心理的傾向，來說明遊戲為人類求生的方法，運用能力的途徑，表現人格或個性的手段。尤其是幼兒，遊戲可以促進他們身體的發育，和心理正常的發展，假如大人能從旁予以鼓勵，就更能滿足幼兒內心的成就感。

　　　由此可見，自我表現說對幼兒遊戲而言，似乎有較多的證據，可是它太偏向於個人，而忽略了團體意識的存在，因為許多幼兒，在團體活動中，能完全的捨棄自我，充分的發揮團隊精神，因此，自我表現說並不是一個完美的學說。

八、心理分析論

　　心理分析論（psychoanalytic theory）主要代表的學者為S. Freud及E. H. Erikson，分述如下：

(一)S. Freud對遊戲的觀點

　　Freud認為：遊戲能幫助幼兒發展自我的力量、協調本我和超我的衝突，是幼兒願望實現和克服創傷的一條大道。根據Freud的說法，慾力（libido）被視為個體人格發展的動力。因此，幼兒遊戲的動力，是源自於個體潛意識的動機；遊戲是由快樂原則所驅動的，是滿足的源泉。

　　此外，Freud認為遊戲除了可以滿足人性的基本需求外，尚可

以調節幼兒的情緒，具淨化之效果，可幫助幼兒治療因創傷情境所帶來的負向情感；遊戲可讓孩子拋開現實，並將孩子從一被動的、不良經驗的角色轉移，淨化其情緒，遊戲治療的理論基礎即源自心理分析論。

(二)E. H. Erikson對遊戲的觀點

Erikson延續並拓展Freud的心理分析論，用遊戲來檢視幼兒的一般個人發展，有別於Freud的慾力驅動人格發展理論，Erikson加入社會互動的因子，將人生全程視為連續不斷的人格發展歷程，認為幼兒遊戲具有活動性，在模仿真實社會的情境中，帶有身體驅力和好奇性。根據Erikson的說法，幼兒透過遊戲來與周遭環境的人產生互動；在不同階段的發展中，幼兒透過遊戲，模仿生活真實情境，進而可以自行處理現實中的要求，Erikson指出，遊戲行為的發展反映幼兒心理社會的發展。

九、認知理論

J. Piaget是認知理論（cognition theory）之主要代表人物，他認為個體與環境的互動，是透過認知不斷地同化與調適的歷程，而逐漸達到認知的平衡並適應環境。而遊戲則是將真實經驗的情境，同化到各種不同基模（認知結構）的過程。也就是說，幼兒在遊戲過程中，將現實世界中的新事物、新情境以及新行為納入現有認知結構中，成為符合其認知發展層次，並藉由過去經驗來轉換真實情境為遊戲情境（Fromberg, 1999）。此外，Piaget也認為遊戲具有雙重功能，它不但是幼兒認識外界的方式，也是幼兒認知發展的指標。因此，由幼兒所呈現的遊戲型態可以看出其認知發展的能力。

例如，二歲的孩子只能玩練習性的遊戲，他們不會玩想像、虛構或戲劇性遊戲，因為他們缺乏符號（symbol）表達之能力。也就是說，遊戲與認知是平行發展的，隨著認知之增進，遊戲型態亦將有所不同。

十、L. S. Vygotsky的遊戲理論

蘇俄心理學家Vygotsky（1976）認為，遊戲可直接幫助幼兒的認知發展。而且一開始幼兒沒有抽象的思考，意義和實體對他們而言是不可分的。例如，當幼兒沒有看到真實的老虎，便不知道老虎的意思。遊戲之所以能夠促進幼兒的發展，在於遊戲提供了幼兒將實際物體轉換成意義層次的空間，幼兒開始由具體思維進入抽象的思考運作方式。也就是說——遊戲創造了一個近側發展區（zone of proximal development）。例如，幼兒沒有看過馬，就不知道馬是什麼。直到三至四歲進入想像遊戲期，他們開始利用物品（如木棍）來代替馬。此時，意義（以木棍代替馬）才與實體（真正的馬）分離。如此一來，幼兒才能具有表徵想像的能力，以區別意義與實體。因此幼兒遊戲是發展未來抽象思考能力的必經過程，遊戲被視為一種創造思想的行為，是幼兒未來創造力及變通能力的基石。

以上所提的遊戲理論，因為理論提出者學術取向的不同，各個理論對於遊戲的觀點也有所不同。有的理論認為，遊戲的動機是起始於精力過剩的發洩需要（精力過剩說）、放鬆身心補充耗損能量的需要（休養說）、發展將來生活上所必要機能的需求（演練論），及重演人類行為進化的需求（重演化論）。有的理論認為遊戲幫助幼兒克服恐懼和不安，有助健全人格及生理和社會環境支配

力的發展，獲得因應現實世界的滿足感（心理分析論）；J. Piaget
和L. S. Vygotsky結合遊戲發展和認知發展，認為遊戲是發展上的一
種表現方式，幼兒透過遊戲對環境產生興趣，並經由遊戲來熟悉他
們的行為。雖然不同理論有不同的觀點，但透過各個理論從不同角
度對遊戲的詮釋，將有助於我們更加瞭解遊戲的意涵。

第五節　影響幼兒遊戲的因素

　　遊戲的種類很多，包羅萬象，但是並非每一種遊戲所有的幼
兒都喜歡，而且每一個幼兒喜歡遊戲的程度也不同。幼兒的遊戲常
受到各種因素的影響，例如性別的差異、年齡的差異，或健康情形
的差異等，基於個別差異，幼兒對於各種遊戲的態度也就不同。大
致而言，影響幼兒遊戲的因素，可以下面幾點說明：

一、性別的影響

　　幼兒在三歲以前，在遊戲方面似乎尚不受性別的影響，三歲
以後，則比較會因性別的不同而有差異，不過這種差異會因遊戲不
同而不同，有的相差很大，有的則相差很小，有些甚至根本沒有差
異。例如以玩球為例，男孩女孩都一樣喜歡，拿著球蹦蹦跳跳，好
不快樂。其他方面的差異，大致來說，男孩所喜歡的遊戲，多是些
較活潑的、劇烈的、消耗體力多的、含競爭性的，以及有組織的，
例如騎馬打仗、官兵捉強盜、打彈弓、捉迷藏、丟石頭、打拳、賽
跑、槍戰等；而女孩喜歡的遊戲，則是比較文靜的、柔和的、不耗
體力的、細巧而富於模仿性的，如洋娃娃、碰猜、猜領袖、彈珠
子、拍皮球、丟手帕、玩小沙袋、老鷹捉小雞、扮家家酒等。

二、年齡的影響

　　幼兒期雖只有短短的六年，但是幼兒在心理、生理上的發展，卻有顯著的進步，所以許多遊戲活動也就隨年齡的增加而有所變化。瑞士兒童心理學家J. Piaget認為，從出生到二歲的幼兒，在認知發展上屬於感覺動作期（sensorimoter period），此期幼兒的主要遊戲完全是屬於感覺與動作兩方面的，如搖鈴等會發出聲音的玩具。遊戲中無競爭，興趣也變化不定。此期幼兒的全部精神和時間，幾乎都消耗在玩弄玩具上面，有時即使是和同伴一起玩，也是各玩各的，整個遊戲活動以自我為中心，也可說是自私的，結果只是在感覺系統和基本筋肉的活動上得到發展。年紀漸長以後，幼兒遊戲除了是活動身體以外，想像力也逐漸發達，模仿成了幼兒的主要活動，於是簡單的化裝遊戲出現，共同遊戲增多，幼兒逐漸從同伴那裡學到更多的活動，慢慢地也學到怎麼抑制自己自私的行為。Whitington與Floyd（2009）探討澳大利亞首都四歲幼兒在幼兒園的互動指出，幼兒的認知發展狀況已經能發揮合作夥伴的關係。

三、智力的影響

　　幼兒智慧的高低，可以從他的遊戲中觀察出來。高智慧的幼兒比低智慧的幼兒喜歡玩耍，也更能在遊戲活動中，表現出他的機智。聰明的幼兒，從感覺遊戲進展到模仿遊戲時，能表現出他的想像力與創造力；在所有的遊戲活動中，能從事比較複雜的，對於新的遊戲也較容易接受。反之，智力低的幼兒所從事的活動，比較呆滯緩慢，想像力和創造力較為缺乏，對於新的遊戲較難適應，和友伴玩耍時，也常覺與人格格不入，缺乏適應群體的能力。至於幼兒

對玩具的喜愛，也會因智慧的高低而有不同的選擇，正常及智慧高的幼兒都喜歡玩富有結構性的玩具，而且遊戲興趣常能維持相當的時間，這是因為他們憑藉著智力，在遊戲的過程中，能再變化、再創新所致，使遊戲不流於枯燥乏味。在團體活動方面，比較能當領導人物，而且喜歡從事戲劇性遊戲與創造性活動。至於智力低的幼兒在團體活動中，常居被領導地位，缺乏創新的能力。

四、健康的影響

健康攸關幼兒的活力，愈是健康的幼兒，活力愈大；愈是虛弱的幼兒，愈不喜歡活動。身體強健的幼兒，喜歡從事比較耗體力的遊戲，例如跑步、騎小車子、騎馬打仗；至於身體虛弱的幼兒，比較喜歡從事耗費體力較少的遊戲，例如搭積木、玩水、玩沙等等。更因為這個緣故，健康的幼兒可能愈玩愈健康，虛弱的幼兒則終年缺乏運動，身體無法好轉。因此，父母除了注意幼兒營養外，更應時時鼓勵他從事活動力較大的遊戲，以增進身體的健康。

以上所提到影響幼兒活動的因素，均為內在因素。至於外在因素也為數不少，以下就影響幼兒遊戲的外在因素再提出討論。

生活在天氣寒冷地區的幼兒，許多遊戲都在室內進行，當然偶爾也有堆雪人、溜冰的活動；相反的，生活在溫帶的幼兒，室內、室外均適宜，其中以室外較能吸引幼兒。台灣幼兒在各處活動均有良好場所，只可惜目前公寓林立，許多家庭住在二樓、三樓，甚至三樓以上，較不易有寬敞的戶外地方讓幼兒嬉戲。由此可知，天氣及地理環境足以影響幼兒的遊戲。再如，幼兒看到大人的宗教活動，如拜拜、禱告、迎神等，也會在遊戲中加以模仿；國慶遊行、婚禮等也常在遊戲中出現，可見文化背景、風俗習慣均會影響

幼兒的遊戲活動。《禮記‧學記》中論及「良冶之子，必學爲裘；良弓之子，必學爲箕」。教員子女在遊戲中，常扮演教師的角色，軍人子女也做個小軍人，凡此都是由模仿而起，由此可知，家庭職業也是影響幼兒遊戲的因素之一。此外，幼兒遊戲也常受到父母、老師以及左鄰右舍的影響，例如幼稚園老師今天教了一個「家族」的單元，幼兒在遊戲中就會扮演伯伯、嬸嬸、奶奶的角色。以上種種，都是影響幼兒遊戲的外在因素。

 ## 第六節　幼兒遊戲的種類

　　幼兒遊戲因爲受年齡、性別、種族、文化以及地理環境的影響，於是在形式上也各有不同，難以下一個確定的標準。本文所討論的幼兒遊戲範圍較小，以下就通俗的方法，簡單的區分如下：

一、依場所分

　　1.室內遊戲：僅限於在屋內的遊戲活動，如扮家家酒、搭積木、玩玩具等是。

　　2.室外遊戲：在屋外的遊戲活動，如溜滑梯、盪鞦韆、打球等。

二、依參加的人數分

1. 單獨遊戲：即幼兒個人的遊戲，兩歲以前的幼兒，由於社會化不佳，再加上語言發展有限，無法相互溝通，故常常是單獨地遊戲。

2. 團體遊戲：即多人的遊戲活動，又可分為有組織的與無組織的遊戲團體，通常無組織的團體遊戲在前，有組織的團體遊戲在後。

三、依目的分

1. 健身遊戲：如打球、跑步等，凡是可以活動筋骨、鍛鍊身體的，均屬於健身遊戲。

2. 娛樂遊戲：如聽CD、唱歌、舞蹈等等，凡以娛樂為主的，視為娛樂遊戲。

3. 益智遊戲：如搭積木、玩七巧板、數數兒，均可刺激智能的發展，是為益智遊戲。

4. 感官訓練遊戲：訓練觸覺的遊戲如玩泥沙、玩水等；訓練聽覺的遊戲如吹樂器、打鼓、聽音樂等；均能助長感官的辨別能力，所以稱為感官訓練遊戲。

各種幼兒遊戲的目的往往不只一種，例如球類遊戲是健身，然而未嘗不是娛樂、益智、感官訓練，以上簡單的分法僅供參考而已。

四、依使用的工具分

1. 器械遊戲：如鞦韆、滑梯、搖船等，均是以器械爲工具的遊戲。
2. 球類遊戲：以各種大小球爲工具，或拍、或打、或踢、或丟的遊戲。
3. 跳繩遊戲：以繩子、橡皮圈來跳的各種遊戲。
4. 繪圖遊戲：以蠟筆、水彩及紙張爲工具的遊戲，幼兒在繪畫發展上，三歲大約在塗鴉的階段，五、六歲所繪的圖才會較具人形或物形。
5. 音樂遊戲：以樂器爲主，如鋼琴、笛子、搖鈴、鼓等爲工具，而進行的韻律活動。

 ## 第七節　幼兒遊戲的新觀念

　　我國自古以農立國，忠孝傳家，對幼兒教育一向就很重視，《禮記・內則》載有必教子之方：「子能食食，教以右手，能言男唯女俞……六年，教之數與方名。」漢朝班昭著《女誡》教訓其女兒及後代，主張女子應以柔順爲主。往後六朝的《顏氏家訓》，明朝的《溫母家訓》，以及明末清初的《朱子治家格言》等，對於子孫的教育均甚爲嚴謹，除了幼年要誦讀經書外，進退禮節、長幼有序均爲古代教育重點。可是在遊戲方面，不但不予鼓勵，反而加以排斥，「業精於勤，荒於嬉」、「勤有功，嬉無益」等是最佳的寫照。及至今日，這個觀念雖有些許改觀，但是許多幼稚園、托兒所仍以讀書、寫字爲號召，藉以吸引大批父母，將其子女送往就讀，

　　而目前仍有部分父母認爲學前教育所重視的遊戲是浪費時間的，這都是受我國傳統思想及升學主義的影響。

　　也有些父母觀念有所偏差，不顧幼兒的智能發展、興趣、性向，在幼兒期就強迫施以許多才藝教育，有的學鋼琴、小提琴，有的學繪畫，甚至還有不少兒童進英語補習班學英語，我們不否認幼兒的可塑性較大，但學習總有先後，揠苗助長常會得到反效果，況且幼兒的能力、興趣也需要注意。還有一些父母忙於事業，無暇關照幼兒，任其發展，認爲遊戲就是「隨便玩玩」，這也是不對的。因爲遊戲也是一種家庭的互動模式（Christos, 2005）。

　　遊戲的功能，正如前述，可以培養優秀的國民。所謂優秀，應該包括體格、品德和心智等各方面圓滿的發展，使德智體群美五育齊頭並進。Stephens（2009）也指出，遊戲不僅是兒童認知功能的發展，更是日後成爲文明人的重要學習經驗。因此，父母必須鼓勵幼兒遊戲，參與並指導幼兒遊戲，幼稚園和托兒所的主管人員、教師也應以遊戲、唱歌和講故事等活動，來幫助幼兒發展健全的人格。

　　在指導幼兒遊戲方面，我國父母最大的缺點，就是不鼓勵幼兒從事冒險的遊戲，認爲「身體髮膚，受之父母，不可毀傷」。此話固然有其道理，但是太過分保護，反會使幼兒養成退縮的心理，缺乏獨立冒險的精神，對人格發展有莫大的影響。所以冒險活動是必要的，但是大人必須事先指導和從旁協助，即使偶爾因遊戲受了點輕傷，也不必大驚小怪，這是成長所必須付出的代價，要知道溫室中的孩子是永遠長不大的！

　　此外，幼兒的想像力與成人不同，他有他的思想世界，對於他的許多創見，透過遊戲表現出來的，大人不可視爲「幼稚」，應給予讚美、鼓勵，這是創造力的培養，也是成人行事時，必須特別注意的。

參考文獻

一、中文部分

吳幸玲、郭靜晃譯（2003）。《兒童遊戲：遊戲發展的理論與實務》。台北市：揚智。

吳凱琳（2000）。《幼兒遊戲》。台北市：啓英。

林晉榮（2004）。〈從動作發展看幼兒運動遊戲設計〉。《學校體育雙月刊》，第14卷，第1號，第80期，49-58。台北市：教育部體育司。

段慧瑩、黃馨慧譯（2000）。《不只是遊戲：幼兒遊戲的角色與地位》。台北市：心理。

張翠娥、吳文鶯（2002）。《嬰幼兒遊戲&教具》。台北市：心理。

郭靜晃、陳正乾譯（1999）。《幼兒教育》。台北市：揚智。

陳淑敏（2005）。《幼兒遊戲》。台北市：心理。

湯志民（2002）。《學校遊戲場》。台北市：五南。

黃志成、邱碧如（1978）。《幼兒遊戲》。台北市：東府。

黃志成 、王淑芬、陳玉玟（2008）。《幼兒發展》。台北市：揚智。

黃瑞琴（1997）。《幼稚園的遊戲課程》。台北市：心理。

潘怡吟（2001）。《遊戲型態教學對國小學生自然與生活科技學習之研究》。國立台北市立師範學院科學教育研究所碩士論文。

簡楚瑛（2003）。〈「遊戲之定義」理論與發展的文獻探討〉。《新竹師院學報》，6，105-133。

楊志顯（2004）。〈遊戲非兒戲——正視兒童遊戲權利〉。《學校體育雙月刊》，第14卷，第1號，第80期，1-3。台北市：教育部體育司。

魏渭堂（1999）。《親子遊戲治療團體方案設計與效果之分析研究》。國立彰化師範大學輔導學系博士論文。

二、英文部分

Bateson, G. (1955). A theory of play and fantasy. *Psychiatric Research Reports*, 2, 39-51.

Bergeron, B. S. (1996). Language development and thematic instruction: Supporting young learners at risk. *Childhood Education*, 72(3), 141-145.

Berk, L. & Winsler, A. (1995). *Scaffolding Children's Learning: Vygotsky and Early Childhood Education*. Washington, DC: National Association for the Education of Young Children. (ERIC Document Reproduction Service NO. ED384443)

Bodrova, E. & Leong, D. J. (2003). The importance of being playful. *Educational Leadership*, 60(7), 50-53.

Bredekamp, S. & Copple C. (1997). *Developmentally Appropriate Practice in Early Childhood Programs*. Washington, DC: National Association for the Education of Young Children.

Callaghan, T. C. & Rankin, M. P. (2002). Emergence of graphic symbol functioning and the question of domain specificity: A longitudinal training study. *Child Development*, 73(2), 359-376.

Cervantes, C. A. (2002). Explanatory emotion talk in Mexican immigrant and Mexican American families. *Hispanic Journal of Behavioral Sciences*, 24(2), 138-163.

Christie, J. (1994). Academic play. In J. Hellendoorn, R. V. Kooij, & B. Sutton-Smith (eds.), *Play and Intervention*. Albany, NY: State University of New York Press.

Christos, H. P. (2005). Games other people play. *Springer Berlin / Heidelberg*, 3653, 3-6.

Clements, R. L. (2000). *Elementary School Recess: Selected Readings, Games, and Activities for Teachers and Parents*. (ERIC Document Reproduction Service NO. ED471701)

Daniels, E. R. (2002). *Literacy Learning Parties for 3-5 Year Olds. Trainer's Guide*. (ERIC Document Reproduction Service NO. ED475303)

Dickinson, D. K. & Tabors, P. O. (2001). *Beginning Literacy with Language:*

Young Children Learning at Home and School. (ERIC Document Reproduction Service NO. ED450972)

Dodge, D. T. & Phinney, J. (2002). *A Parent's Guide to Preschool.* (ERIC Document Reproduction Service NO. ED472537)

Ellen, S. (2009). Affordances for risky play in preschool: The importance of features in the play environment. *Early Childhood Education Journal*. 36(5), 439-446.

Ellis, M. J. (1973). *Why People Play*. N. J.: Prentice-Hall.

Fromberg, D. P. (1999). A review of research on play. In *The Early Childhood Curriculum: Current Findings in Theory and Practice* (3nd). (ERIC Document Reproducation Service No. ED436252)

Frost, J. L. (1992). *Play and Playscapes*. New York: Delmer Publishers Inc.

Galyer, K. T. & Evans, I. M. (2001). Pretend play and the development of emotion regulation in preschool children. *Early Child Development and Care*, 166, 93-108.

Howes, C. & Stewart, P. (1987). Child's play with adults, toys, and peers: An examination of family and child-care influences. *Developmental Psychology*, 23(3), 423-430.

Johnson, J. E., Christie, J. F., & Yawkey, T. D. (1987). *Play and Early Childhood Development*. USA: Harper Collins Publishers.

Juelsgaard, C. (1996). *Early Childhood Motor Skills Information Packet*. (ERIC Document Reproduction Service NO. ED403077)

McClellan, D. E. & Katz, L. G. (1993). *Young Children's Social Development: A Checklist*. (ERIC Document Reproduction Service NO. ED356100)

McClellan, D. E. & Katz, L. G. (2001). *Assessing Young Children's Social Competence*. (ERIC Document Reproduction Service NO. ED450953)

Moore, S. G. (1992). *The Role of Parents in the Development of Peer Group Competence*. (ERIC Document Reproduction Service NO. ED346992)

Moyer, J. (2001). Teature article—The child-centered kindergarten: A position paper. *Childhood Education*, 77(3), 161-167.

Pan, H. (1994). Children's play in Taiwan. In J. Roopnarine, J. Johnson, & F. Hooper (eds.), *Children's Play in Diverse Cultures*. NY:SUNY at Albany.

Pellegrini, A. D. & Jones, I. (1994). Play, toys, and language. In J. Goldstein (ed.), *Play, Toys and Child Development*. New York: Cambridge University Press.

Robinson, C. C., Anderson, G. T., Porter, C. L., Hart, C. H., & Wouden-Miller, M. (2003). Sequential transition patterns of preschools' social interactions during child-initiated play: Is parallel-aware play a bidirectional bridge to other play states? *Early Childhood Research Quarterly*, 18(1), 3-21.

Rubin, K. H. (1982). Nonsocial play in preschoolers: Necessarily evil? *Child Development*, 53, 651-657.

Sanders, S. & Graham, G. (1995). Kindergarten children's initial experiences in physical education: The relentless persistence for play clashes with the zone of acceptable responses. *Journal of Teaching in Physical Education*, 14, 372-383.

Sawyer, R. (1997). *Pretend Play as Improvisation: Conversation in the Preschool Classroom*. Mahwah, NJ: Erlbaum.

Stephens, K. (2009). Imaginative play during childhood: Required for reaching full potential. *Exchange: The Early Childhood Leaders' Magazine*, 186, 53-56.

Vandenberg, B. (1990). Play and problem-solving: An elusive connection. *Merrill-Palmer Quarterly*, 36, 261-272.

Vandenberg, B. (1998). Real and not real: A vital developmental dichotomy. In O. Saracho & B. Spodek (eds.), *Multiple Perspectives on Play in Early Childhood Education*. Albany, NY: SUNY Press.

Veale, A. (2001). Revisiting the landscape of play. *Early Child Development and Care*, 171, 65-74.

Vygotsky, L. S. (1976). *Play and Its Role in the Mental Development and Evolution*. New York: Basic Books.

Watson, A. C. & Guajardo, N. R. (2000). Talking about pretending: Young children's explicit understanding of representation. *Child Study Journal*, 30(2), 127-141.

Whitington, V. & Floyd, I. (2009). Creating intersubjectivity during Socio-dramatic play at an Australian kindergarten. *Early Child Development and Care*, 17(2), 143-156.

第二章

幼兒遊戲的理論基礎

‣ 幼兒遊戲是基於心理需要
‣ 幼兒遊戲是基於生理需要
‣ 幼兒遊戲是基於社會需要

　　從幼兒的觀點，遊戲等於學習（Samuelsson & Carlsson, 2008）。幼兒早期的教育是在遊戲中進行學習（Ingrid & Eva, 2009）。遊戲之於幼兒，有如他的第二生命，這是不容置疑的，幼兒遊戲的時間，幾乎可以說是除了睡覺以外的任何時候，幼兒在吃飯的時候，拿著碗筷走來走去，或是拿著湯匙在飯裡拌來拌去，也都是一種遊戲活動；睡覺之前躺在床上，翻翻被子，摸摸小床的欄杆，或是嘴巴喃喃自語，哼哼兒歌，仍然是屬於一種遊戲活動。

　　遊戲對幼兒是如此重要，幼兒的遊戲時間是如此之長，這當然有它的道理存在。幼兒喜歡遊戲乃是基於心理方面的需要、生理方面的需要以及社會方面的需要，吾人若能從這三方面著手加以探討，就不難得到一個滿意的答案。

 # 第一節　幼兒遊戲是基於心理需要

　　幼兒遊戲時，通常會很快樂，天天生活在快樂的氣氛裡，有助於心理健康，人格也得以正常發展（黃志成、高嘉慧、沈麗盡、林少雀，2008）。幼兒遊戲的動機很多，特別是心理需要所引起的，因此，我們必須對幼兒心理做一番探討。幼兒期的幾個心理特徵如下：

一、模仿

　　幼兒具有很強的模仿力，只要看到大人做什麼，他就做什麼。在遊戲中應設計相互尊重、分享與和諧關係所帶來的愉快感覺（黃志成、林貞谷、張培英，2004）。蔡碧霞（2009）也指出，在實施運動遊戲方案時，幼兒在音樂、戲劇、戶外活動中，也能運

用肢體模仿動物、植物，在其肢體的運用上更靈活，並且更有創意的展現肢體，呈現不同的動作；戶外活動中肢體的協調、敏捷、平衡、速度都具有正向的助益。但是有很多事情無法實際實現，例如開汽車、結婚等等，於是他們就在遊戲中表露出來，利用玩具車在桌子上或地上開來開去，儼然像個司機；玩家家酒時，也扮起了新郎、新娘。這些活動都是幼兒看到大人的行為，而加以模仿，付諸遊戲之中，因此，幼兒喜歡遊戲是基於模仿的心理需要。Albert Bandura及其同事在一九六一年對七十二名幼童所做的一項研究發現，男孩比女孩更容易模仿身體暴力，而男孩更有可能模仿男孩的模範，女孩則更有可能模仿女孩的模範（引自陳萍、王茜譯，2005）。我們教育幼兒，就必須注意幼兒的模仿心理，表現好的行為舉動讓孩子模仿，例如餐桌的禮儀、看書的習慣等等；至於不好的行為，就不要讓孩子有模仿的機會，如賭博、口出穢言等等；可見身教在幼兒期是多麼重要啊！我國古代孟母之所以三遷就是基於這個心理，否則怎能教育出一個偉大的孟子來呢？

二、好奇

好奇是人類的天性，人類正因具有好奇心，才有各種發明與創造。好奇心在幼兒期最為明顯，因為幼兒剛剛來到這個世界，舉凡他所看到的、所聽到的，對他來講都是如此的陌生、如此的新鮮，幾乎所有的事物，都能引起他的動機，這就是幼兒喜歡問東問西的原因，也是幼兒喜歡跑來跑去，東摸摸西摸摸的原因。所以為人父母師長者應該利用幼兒這種好奇心和求知慾，給予適當的滿足，不要認為這是囉唆、無聊。如果給予幼兒太多的挫折，不許他發問，禁止他去探討各種事物，除了無法增進他的知識外，更會讓他產生挫折感，以後遇到事情容易畏縮、退避。例如當幼兒問

及：「我是哪裡來的？」就要是適當地回答他，不要只說：「不知道。」或是亂說：「從石頭縫裡蹦出來的。」也就因為這個好奇心的驅使，幼兒喜歡去玩玩腳踏車、摸摸機車、轉轉電視機，大人總是罵他「頑皮」，其實，在這些遊戲中，他是想去探個究竟，是一種好奇心，因此，幼兒遊戲是基於好奇心的需要。

三、愛與被愛

幼兒的心靈富同情心，在聽悲傷、可憐的故事時便表露無遺，利用這個特質，要培養愛心與同情心就很容易了（黃志成等，2004）。除非在發展上有偏差，否則每個人都有愛人、愛物與被愛的需求。幼兒尚無獨立的能力，對於被愛的需求更大。此外，「人之初，性本善」，幼兒也有愛人、愛物之心，所以幼兒特別富有同情心。從嬰兒期開始，他就在母親的懷抱裡玩耍，不管是發音遊戲或是感覺訓練遊戲，母子玩在一起，幼兒就有被愛的感覺。三、五歲的幼兒遊戲時，如果父母能隨時參與或予以鼓勵，幼兒更會感到快樂，因為得到了一份珍貴的親情。至於幼兒與左鄰右舍的玩伴在一起玩耍時，也能得到一份友情，產生一種被愛的感覺。當然，幼兒也會主動的去愛人，甚至家裡的貓狗、玩具，幼兒都會付出深厚的感情。因此，幼兒遊戲是基於愛與被愛的心理需求。

四、情緒的疏導

Clodie、Eshtiak、Rim與Waffa（2008）指出，學齡前改善情緒是最有意義的學習，可以解決幼兒的溝通問題。Jaime（2009）建議幼教工作者可以協助、輔導幼兒情緒管理，預防身體意外的發生。約一歲大時，幼兒開始發展物體恆存概念，可以使用替代物處

理焦慮，例如到哪都會帶著玩具或恩物，因為這些東西具有撫慰情緒的功能（張紉，2008）。玩跳棋、足球或電腦遊戲，可以增進一定程度的情感發展，並且能增進情緒發展的需求。遊戲共享提供了一個瞭解幼兒的情緒發展與人際互動的途徑，重要的是，對幼兒而言，遊戲是一個愉快的方式（Oren, 2008）。幼兒遊戲可以疏導、調適情緒，因為幼兒很容易把自己的情緒——喜、怒、哀、樂——表現在遊戲中。我們常常可以看到許多父母親情緒不好時，就拿孩子當出氣筒，幼兒也會有如此的情形，他會把氣出在玩具上，看見可憐可悲的事，也會馬上在遊戲中表現出來。在觀察幼兒遊戲的當中，有時候會看到幼兒哄洋娃娃，安慰洋娃娃，其實這些行為，很可能就是他自己想哭或需要被安慰的時候。廖藪芬（2008）研究發現，運用樂高媒材遊戲敘說故事歷程，可紓解兒童內在的情緒。張齣云（2009）研究發現，藉由繪本教學，自閉症兒童學習到情緒調控的多元策略。因此，幼兒遊戲是基於情緒疏導的需要。

五、興趣

童年等於遊戲，遊戲等於樂趣／趣味，遊戲與童年的關係已經結構化具有教育意義（王瑞賢、張盈堃、王慧蘭，2009）。幼兒的一切活動，都是由興趣發展出來的，興趣不但可以引發一切的活動，而且具有潤滑的作用，能使一切活動圓滿進行。Hoi-Yin與Marjory（2009）對二百二十八位幼童進行跨文化幼童喜好研究指出，跳舞是幼兒最喜歡的活動。Landreth、Ray與Bratton（2009）指出，玩具是幼兒最有興趣的東西，透過共同遊戲的互動，幼兒可發展出友誼與解決問題的能力。但Jacobson（2008）卻發現，幼兒課業上的負擔愈來愈重，相對的減少了遊戲時間，影響幼兒成長過程中興趣的自主性。Staempfli（2009）也發現，讓幼兒感興趣的室

外冒險遊戲愈來愈少，家長的期望與幼兒的需要不同，影響了幼童情感的成長與社會和身體的發展機會。興趣是促使幼兒遊戲的動機力量，也是促使遊戲活動「繼續進行」及「以後再玩」的原動力。例如幼兒看到球，就會引起去摸它的動機，摸了以後還想玩玩，直到盡興始罷，然而「明天再玩」的念頭仍然記在心裡，這就是幼兒對球有興趣。因此，幼兒遊戲是基於興趣的心理需要。興趣會隨幼兒心理發展有所改變，大人如果希望孩子將來在哪方面有所成就，可在幼兒期先根據他的興趣，加上大人的期望鼓勵，誘導他走向成功之路。

六、成就感

幼兒在遊戲中，有很多學習生活技能的機會，學會這些技能以後，一方面能得到大人的鼓勵，二方面自己也有成就感。例如幼兒練習爬樓梯，起初一定會感到困難，而且動作遲緩，經過多次練習以後，就會愈來愈順利。當孩子的學習經驗累積到一個程度，並且能夠運用解決問題，當解決問題能力提升時，相對的也提升了孩子的成就感（Mundy & Gilmore, 2009）。但不論是何種情形，每次從底下爬到上面時，均會露出高興的笑容，頗有成就感，也是一種小小的自我實現，如果大人再予褒獎，則更具增強作用。幼兒基於這種心理，喜歡重複地做各種活動，是在練習技能，也是在獲得更多的成就感。因此，幼兒遊戲是基於成就感的心理需要。

第二節　幼兒遊戲是基於生理需要

　　幼兒生理的發展包括兩種過程，一是生理成長，就是指身高體重持續增加，另一種是操作活動能力的增加（張紉，2008）。幼兒遊戲除了心理上的需要外，另外一個很重要的需要就是生理上的需要。在室外遊戲與畫畫中可以觀察到兒童的發展狀況（Diamond & Tu, 2009）。從遊戲中訓練幼兒動作技能發展，善用周遭環境資源與空間，配合適當道具或玩具，創造有利兒童動作技能發展之環境（郭靜晃，2005b）。嬰兒一生下來，一切都須仰賴大人才能生存，至於何時謀求獨立，身體上的發育可以說是一個重要的因素，以學習走路為例，嬰兒是從爬、扶、站、走等幾個階段慢慢的發展，慢慢的努力得以完成，年紀大約在一歲三個月前後。在這段學習期間，除了營養的供給、大人的協助外，最重要的是有賴幼兒生理的成熟度，以及在遊戲中所得到的學習經驗。生理的成熟度可以幫助遊戲的進展，同樣地，遊戲也能促進生理的成熟，幼兒遊戲對生理發育有下列幾點助益：

一、幫助肌肉的發育

(一)粗大動作及大肌肉發展

　　幼兒前期，是大肌肉的發展時期。幼兒遊戲可以促進全身感官的發展與肌肉的活動（黃志成、王淑芬、陳玉玟，2008）。幼兒後期，大肌肉大致發育完成，可以訓練小肌肉的發展，訓練小肌肉

時，可以採用比較精細的活動，例如：蠟筆繪畫、扣鈕扣等等。幼兒在做各種遊戲時，身體上的肌肉都會直接或間接地得到鍛鍊的機會。因此，幼兒如果有足夠的遊戲活動，肌肉一定會很發達，可見幼兒遊戲是基於幫助肌肉發育的生理需要。然而訓練亦受成熟的影響，亦即發展離某一階段尚遠時，就加以訓練，這是徒勞無功的。例如大人急於見到幼兒成長，強迫一歲的幼兒蠟筆繪畫，這是行不通的。幼兒也能運用積木遊戲的搬運、堆排、重建，達到訓練粗大動作或大肌肉的目的，將有助於身體健康（黃志成等，2004）。

(二)精細動作及小肌肉發展

兒童時期隨著中樞神經系統的髓鞘化及逐漸成熟，此時期的精細動作（小肌肉動作）會獲得改善，其手眼協調及平衡能力也會因此而大有進步（郭靜晃，2005b）。而運用積木可協助二至三歲幼兒精細動作的發展，藉由積木的抓、握、擺，達到訓練精細動作、小肌肉的目的（黃志成等，2004）。

二、幫助骨骼發育

幼兒骨骼成分膠質較多，石灰質較少，所以我們常說幼兒的骨骼是軟的，此外，幼兒的骨骼連接尚未完成，骨骼與骨骼之間有著空隙，所以骨骼的發育，有賴幼兒在遊戲活動中予以促進。骨骼亦如肌肉，未成熟即加以使用的話，會得到反效果。我們常常看到幼稚園的幼兒，拿著鉛筆畫來畫去，在小格子裡寫些國字，這對幼兒手部骨骼的發展是有害的，因為四、五歲的幼兒，手部骨骼尚未發育到能做此種訓練的時候。

三、調節體力

Michael Ellis指出，當幼兒精力過剩（surplus energy）時，就會將這些過剩的精力花到遊戲上（引自王昭正譯，2005）。一個人有了旺盛的精神，充沛的體力，便要找個機會發洩，幼兒的體力須發洩時，自己也會東奔西跑，直到充沛的體力消耗盡了為止，這時幼兒的體力雖然消耗了，但是新陳代謝作用的效果卻收到了，這樣身心才能保持均衡的發展。

四、促進體內器官作用的進行

肺臟的重量在幼兒時期已發育成出生時的十倍，肺容積與身體的相對比增加，呼吸速率隨著潮氣容積（tidal volunme）的加倍而變慢且變深（郭靜晃，2005a）。幼兒遊戲可以調節呼吸作用以及循環作用，甚至於對消化作用也有助益。幼兒肺臟很小，遊戲活動可以使胸部擴大，增加肺活量。就心臟而言，幼兒心臟小，血管粗，心跳過快，不宜做劇烈運動，但是做遊戲活動卻是適合的，可以促進循環系統的流通。至於消化器官方面，可以藉遊戲活動增加消化。因此，幼兒遊戲是基於促進體內器官作用的生理需要。

第三節　幼兒遊戲是基於社會需要

一個人從出生到老死，幾乎難以脫離社會，魯賓遜漂流記的例子實在少之又少，因為人類的生活是社會的、群體的。一個人自呱呱墮地起，便漸漸地產生社會行為，學習如何適應社會，使行為

符合社會化的標準。洪偉翔（2009）更研究指出，遊戲介入對學
障兒童的社交技巧具有立即教學效果。在幼兒期，遊戲是幼兒生活
的大部分，因此幼兒的社會化，幾乎完全是在遊戲中進行。遊戲是
幼兒社會學習的重要方式，幼兒能從遊戲中發展社會技巧（張紉，
2008），遊戲對幼兒社會化的功效可以下列幾方面討論之：

一、修正行為

　　幼兒期的自我中心可用來解釋為什麼有時似乎相當自私、殘
忍、反覆不定或不肯幫助別人（陳淑敏譯，2006）。幼兒期社會化
的程度尚無法與大人相比，但幼兒可藉遊戲活動將行為表露無遺，
大人看了以後，對於合乎社會行為標準的可以給予鼓勵，不合乎社
會標準或反社會行為的，馬上可以提出糾正。假如幼兒沒有遊戲活
動，則行為無法表現，大人亦無從教起。例如兩個幼兒互相搶奪一
個玩具，大人看到以後，就可以加以調解，使其社會化；又如一個
幼兒在遊戲中喜歡攻擊其他小孩，如此的幼兒可能會遭到排斥，因
此，他必須修正自己的行為，待行為社會化以後，才得以立足於幼
兒群中。

　　幼兒發展到某一個階段後，就喜歡和同伴一起玩耍，有了玩
伴以後，就開始學習與人相處，逐漸和團體中的每一分子發生互
動，幼兒也就從這個階段開始社會化了（黃志成等，2008）。趙佩
瑛（2008）研究指出，遊戲能增進幼兒的社會互動能力，包括：能
嘗試和認識的人打招呼、能發現自己與他人不同的興趣及能力、能
溝通與回應他人的想法、能和同儕分享、能與他人建立友誼關係、
願意學習協商與溝通衝突、能和他人分工合作與遊戲、願意學習接
納與欣賞他人的特質、能嘗試表達關懷與幫助別人。因此，幼兒遊
戲是基於修正行為，使其社會化的需要。

二、培養合群觀念

　　生態觀（ecological perspective）是以網絡的概念探討「人與環境間」關係的聯結，強調環境對個人的成長發展影響，幼兒階段除了家庭外，同儕關係間良好的互動，將有助於個人擁有較好的成長與發展優勢（馮燕，2008）。「在家靠父母，出外靠朋友」，任何人生活在這個世界上，總是需要朋友互相幫助，就是不相識的鄰居，也需要去認識，以達到守望相助、互相照顧的目的，因此每個人都必須有合群的觀念。在幼兒期，要培養合群的觀念，就要從遊戲中做起。幾個幼兒在一起玩耍就可以學習如何與人相處，在這個幼兒群中，表現得過分霸道或是退縮的，均將被排斥於團體之外，因此，這些幼兒必須經過再適應。在遊戲中，大致以能夠和他人互相幫助，體諒別人的幼兒社會適應較好。王萬智（2009）研究指出，大部分的幼童在遊戲過程中，會表現出團體遊戲的行為，不同年齡與不同性別的幼童之間，互動反應與行為相當熱絡，對於四至六歲幼童在社會互動上有所幫助。

　　在幼兒遊戲中建立共同遵守的規則，透過與別人合作，幼兒

發展自我指導和自我控制，順利的交流與合作，增進解決問題的能力，符合社會的行為規則（Mabry & Fucigna, 2009）。幼兒在遊戲中經過親身體驗，他會自己去學習到如何表現才受歡迎。幼兒在合作性的遊戲中，擴充生活的領域，增加生活的經驗，學習如何與別人和睦相處，知謙恭、懂禮讓、重公德，使個性和群性在社會化的過程中獲得均衡的發展（黃志成等，2008）。因此，幼兒遊戲是基於培養合群觀念的社會需要。

三、陶冶優美的情操

父母要子女將來有好人格、好品德，就要注重他們幼兒期的發展模式。精神分析學派的學者大都認為人類的一切發展，在幼兒期均漸定型。幼兒在遊戲時可以學習善惡、是非之評價以及標準，進而建立良好的人格特質，諸如公平、誠實、真誠、自制，以及優秀的運動精神（黃志成等，2008）。De、Esposito、Venuti與Bornstein（2008）也發現，父親與幼兒共同探索，進行遊戲，在合作遊戲中能增強兒童情操與認知功能。因此，吾人必須培養幼兒良好的行為模式，以便將來成為好國民。許多良好的行為模式，如仁愛、互助、合作、謙讓等，都可以在遊戲中體會出來，進而加以培養，因此，幼兒遊戲是基於培養優美情操的社會需要。

四、激發愛家、愛社會的情操

當幼兒年歲漸長，生活領域也逐漸擴大——從自我發展到玩伴團體，再從這個團體逐漸擴大至社會。幼兒在遊戲團體中，由於時間與感情的累積，會產生團體意識，具有彼此一體的感覺。這種意識，消極可以抵抗侵略，積極可以鞏固團體，形成一股力量。幼

兒自幼培養這種情操，將來長大以後，一定能愛家、愛社會。因此，幼兒遊戲是基於激發愛家、愛社會情操的社會需要。

參考文獻

一、中文部分

王昭正譯（2005）。《休閒導論》（第三版）。台北市：品度。

王瑞賢、張盈堃、王慧蘭（2009）。《童年與社會——兒童與社會學導論》。台北市：心理。

王萬智（2009）。《學前兒童創新積木型玩具之設計研究》。國立台北教育大學數位科技設計學系（含玩具與遊戲設計碩士班）碩士論文。

洪偉翔（2009）。《遊戲介入對增進學習障礙兒童社交技巧之研究》。國立台北教育大學特殊教育學系碩士論文。

張紉（2008）。〈兒童及少年發展〉。載於馮燕、張紉、賴月蜜合著之《兒童及少年福利》。台北縣：國立空中大學。

張齣云（2009）。《情緒調控策略介入對自閉症兒童情緒調控表現的行動研究》。國立台北教育大學心理與諮商學系碩士論文。

郭靜晃（2005a）。〈身體發展〉。載於郭靜晃、黃志成、黃惠如編著之《兒童發展與保育》。台北縣：國立空中大學。

郭靜晃（2005b）。〈動作發展〉。載於郭靜晃、黃志成、黃惠如編著之《兒童發展與保育》。台北縣：國立空中大學。

陳淑敏譯（2006）。《社會人格發展》。台北市：華騰。

陳萍、王茜譯（2005）。《發展心理學導論》。台北市：五南。

黃志成、王淑芬、陳玉玟（2008）。《幼兒發展》。台北市：揚智。

黃志成、林貞谷、張培英（2004）。《嬰幼兒的教育》。台北市：揚智。

黃志成、高嘉慧、沈麗盡、林少雀（2008）。《嬰幼兒保育概論》。台北市：揚智。

馮燕（2008）。〈兒童及少年福利的理論基礎〉。載於馮燕、張紉、賴月蜜合著之《兒童及少年福利》。台北縣：國立空中大學。

廖藪芬（2008）。《兩位幼童在樂高遊戲中展現敘說故事的歷程與創意

表現》。國立台東大學幼兒教育學系碩士論文。

趙佩瑛（2008）。《遊戲中評量幼兒社會互動能力之行動研究》。國立台北教育大學幼兒與家庭教育學系碩士論文。

蔡碧霞（2009）。《運動遊戲方案對幼兒體適能影響之研究》。國立嘉義大學幼兒教育學系碩士論文。

鄭雅心（2009）。《遊戲教學法運用於國小藝術鑑賞課程之研究》。國立新竹教育大學人資處美勞教學碩士論文。

二、英文部分

Clodie, T., Eshtiak, F., Rim, A., & Waffa, W. (2008). Beyond learning and teaching in preschool free-play centers in Daliat el-Carmel-Isfiya. *Early Childhood Education Journal*, 36(3), 281-289.

De, F. S., Esposito, G., Venuti, P., & Bornstein, M. H. (2008). Fathers' play with their Down syndrome children. *Journal of Intellectual Disability Research, 52*(6), 490-502.

Diamond, K. & Tu, H. (2009). Relations between classroom context, physical disability and preschool children's inclusion decisions. *Journal of Applied Developmental Psychology*, 30(2), 75-81.

Hoi-Yin, B. Y. & Marjory, E. (2009). Children's preferences for group musical activities in child care centres: A cross-cultural study. *Early Childhood Education Journal*, 37(2), 103-111.

Ingrid, P. S. & Eva, J. (2009). Why do children involve teachers in their play and learning? *European Early Childhood Education Research Journal*, 17(1), 77-94.

Jacobson, L. (2008). Children's lack of playtime seen as troubling health, school issue. *Education Week*, 28(14), 14-15.

Jaime, S. (2009). Blending effective behavior management and literacy strategies for preschoolers exhibiting negative behavior. *Early Childhood Education Journal*, 37(2), 147-151.

Landreth, G. L., Ray, D. C., & Bratton, S. C. (2009). Play therapy in elementary schools. *Psychology in the Schools, 46*(3), 281-289.

Mabry, M. & Fucigna, C. (2009). Looking into children's play communities.

Exchange: The Early Childhood Leaders' Magazine Since 1978, 178, 49-52.

Mundy, E. & Gilmore, C. K. (2009). Children's mapping between symbolic and nonsymbolic representations of number. *Journal of Experimental Child Psychology,* 103(4), 490-502.

Oren, A. (2008). The use of board games in child psychotherapy. *Journal of Child Psychotherapy,* 34(3), 364-383.

Russell, C., Amod, Z., & Rosenthal, L. (2008). The effects of parent-child mediated learning experience (MLE) interaction on young children's cognitive development. *Perspectives in Education,* 26(4), 28-41.

Samuelsson, I. P. & Carlsson, M. A. (2008). The playing learning child: Towards a pedagogy of early childhood. *Scandinavian Journal of Educational Research,* 52(6), 623-641.

Staempfli, M. B. (2009). Reintroducing adventure into children's outdoor play environments. *Environment and Behavior,* 41(2), 268-280.

第三章

幼教專家的幼兒遊戲實務

- ▸ **Froebel**及其恩物
- ▸ **Montessori**及其教具
- ▸ **Piaget**及其認知遊戲

　　幼兒教育可以說是自有人類以來即有之，而遊戲為幼兒的第二生命，自難脫離其關係，吾人可從中外名人傳記、軼事中看出。例如我國亞聖孟子幼年時代，住墳場附近而學殯葬遊戲，住市場附近而學買人叫賣，孟母因而三遷，如此情景，完全符合Bandura（1977）的社會學習；美國發明大王T. A. Edison幼年即有強烈的好奇心及觀察力，雖無很好教育環境，但亦因在幼年時期集結各種教育因素使然。其他因幼教成功之例頗多，但皆未成一格。直至十七世紀有J. A. Comenius極力推崇幼稚教育，Comenius認為樹木成長需要栽培，人類成長需要教育。愈小的樹木愈需要特別栽培，愈幼小的兒童也愈需要教育，因此，幼兒遊戲也受到重視。其後十八世紀的法國大哲學家J. J. Rousseau可以說是有史以來直接研究兒童教育的第一人。Rousseau主張兒童教育應順乎自然，以兒童為本位，在他所著的《愛彌兒》一書中，特別強調幼兒應多接觸自然，多做戶外活動，使幼兒遊戲更為具體。受Rousseau教育思想影響最深的是瑞士教育家J. Pestalozzi，他將Rousseau的理論發揚光大，創立「歷史研究法」的方式來研究兒童，在幼兒遊戲方面，主張以顧及兒童的心理發展為主，注重自然發展，對後世幼稚教育貢獻甚大。除以上三家外，在幼兒遊戲上最有貢獻的幼兒教育學家要算德國的F. Froebel、義大利的M. Montessori和瑞士的J. Piaget，他們在幼兒遊戲上，都有獨特的貢獻，以下將他們的理論學說和實務，做一番詳細的介紹。

第一節　Froebel及其恩物

　　F. W. A. Froebel於一七八二年四月二十一日生於德國圖林根（Thuringia）的小村中，其父為路德派牧師。兄弟五人，他居最幼，生後九月，母親即逝。四歲時，繼母入室，受盡凌辱。入小學後，對於所學各科均甚感興趣。十五歲時，追隨森林學家，利用餘暇研究植物學與數學，因終日逍遙林間，故對自然界之思想及趣味，深印腦海。一七九九年，Froebel經過種種困難，始入耶拿大學（University of Jena），專攻數學及自然科學，後因貧困輟學。一八○二年父親逝世。Froebel年僅二十歲，為衣食計，輾轉漂泊，席不暇暖。一八○八年在伊爾頓（Yoerdun）Pestalozzi的學校中實習和研究，對於兒童遊戲、母教、音樂、博物等科的學習均有良好的成績。Froebel更發覺教導兒童遊戲，對於兒童身體和知識方面的發展都很有益。

　　一八三七年，Froebel於布朗根堡（Blankenburg）設立一所幼兒學校，專收三至七歲的兒童，以幼兒的遊戲歌，一套次序連貫的恩物及各種作業等為指導幼兒的課程。其後Froebel名聲漸大，教育理想日漸實現。不料於一八五一年八月，政府忽頒禁令，取消全國所設立的幼稚園，謂為異端左道。Froebel遭此橫逆，非常傷心，於一八五二年六月二十一日，溘然長逝，享年七十二歲。

　　Froebel教育學說，以哲學思想為出發點，他以為自然界中包羅萬象，形色雖各有不同，但均有一永久普遍之法則以統治之，此種法則謂之「統一法則」（law of unity），其教育方法由此哲學觀點蛻出。其所重之要則，有下列諸點：(1)自由活動；(2)動作之表現；(3)尊重情感；(4)重視兒童現在生活；(5)發展本有性質；(6)象

徵主義；(7)參加社會。

　　Froebel認為幼稚園教育法，即運用上列諸原則以實施之，幼兒自發活動，最早者為遊戲，幼稚園之目的，在給兒童有教育價值與有組織之遊戲。此種活動，共分三部：(1)唱歌；(2)姿勢；(3)製作。由此類活動中，附帶得到語言文字之運用。實施時，各個活動需要盡量有脈絡可尋，以訓練幼兒之思想，提起幼兒之想像，訓練幼兒之手與眼，發達幼兒之筋肉，陶冶幼兒之道德與情操。

　　Froebel自一八三八年始，先後創造恩物（gifts）二十種，各種恩物之性質，並不相同。恩物是給幼兒操作的教具，除了自然界的恩物外，Froebel認為老師及家長應提供人為的恩物給幼兒，幼兒依照老師的指示操作，可從中學習形狀、大小、顏色，以及在數數、測量、比較、對比中所包含的概念（林佩蓉、陳淑琦，2003）。第一種至第十種恩物為一種材料，此種材料只能把玩，不能改變原形，此種恩物謂之遊戲恩物。第十一種至第二十種恩物，可以依兒童自己之思想能力做種種變化。材料之使用，僅限於一次，此種恩物，謂之作業恩物。以下分別將此二十種恩物做一簡單介紹（黃光雄，1966；林盛蕊，1990；黃志成、林貞谷、張培英，2004）：

第一種恩物：六色球（紅、橙、黃、綠、藍、紫）

　　材料——直徑六公分之毛線球，其內塞以棉花或海綿，分有帶子（帶長四十公分，對摺成二十公分）及無帶子二種。

　　母親將球吊在嬰兒床前，且使它們擺動，嬰兒看了以後，由於好奇心的驅使，就想去抓，訓練觸覺和手眼協調。較大的嬰兒可以用無帶球玩，爬來爬去，發展身體和動作，又可認識數目、方向和顏色。

圖3-1　第一種恩物：六色球

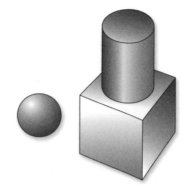

圖3-2　第二種恩物：三體

第二種恩物：三體（球體、圓柱體、立方體）

　　材料——直徑六公分的木塊，製成球體、圓柱體和立方體，，並有鉤子吊起。

　　此三體可使幼兒認識事物的形狀。將它掛在木架上並轉動，球體轉起來是圓的，立方體則因鉤的地方不同，而有像酒桶形、錘形、多角形等形狀。而圓柱體也因鉤的位置不同，有圓桶、多角形等形式出現。

　　由於轉動所發生的各種變化，可以刺激幼兒對事物的再認識、智力的發展，滿足幼兒的興趣和觀察力。

第三種恩物：立方體

　　材料——邊長六公分的立方體，切成八塊小立方體，並用木

盒裝。

　　第三恩物的小立方塊，雖僅八小塊，但可搭建許多不同的形狀，可促進幼兒智力發展，想像力、創造力也隨之發達。亦可隨年齡的增加，而做面、空間的研究。幼兒因好奇心，常常喜歡分解玩具，但一旦被破壞以後，不能復原，使他們覺得難過。然此恩物能分解，也能恢復原狀，分解的東西能做出新的形狀，所以能滿足幼兒的要求。

第四種恩物：立方體

　　材料──邊長六公分的立方體，切成八塊小長方體，並用木盒裝。

　　同第三恩物一樣大的立方體，所分出來的形狀卻不一樣，遂使此恩物給幼兒新奇感，而樂於接受。此恩物除了給幼兒認識長方體外，其他優點亦同於第三恩物。

圖3-3　第三種恩物：立方體

圖3-4　第四種恩物：立方體

第五種恩物：立方體

材料——木塊製成。邊長九公分的立方體，切成二十一塊邊長三公分的小立方體、六塊大三角柱、十二塊小三角柱，用木盒裝。

圖3-5　第五種恩物：立方體

第五恩物已由立方體進入部分的三角柱，這些大大小小的恩物更能引起幼兒的好奇心。幼兒對物體產生更進一步的瞭解，對數目的概念也面臨一個考驗。同時，恩物的角度也由原來都是九十度而變大或變小了，可以滿足幼兒好奇的心理，培養數理能力。

第六種恩物：立方體

材料——木塊製成。邊長九公分的立方體，切成十八塊長方體，十二塊柱台，六塊長柱，並用木盒裝。

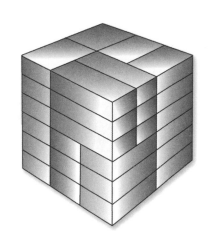

圖3-6　第六種恩物：立方體

第六恩物有別於第五恩物，第五恩物由三十九塊組成，第六恩物則由三十六塊組成，這些不同的恩物，用來建築不同的建築物，會更像實物，除了培養幼兒創造力、想像力外，更可培養藝術之美。假如令幼兒將之與第五恩物比較異同時，更可培養幼兒觀察力。

第七種恩物：面

材料——用厚紙板或塑膠板製成三色板，代表「面」，因面是抽象的，顏色與第一恩物同。形狀有五種，它們是正方形（邊長三公分）、等腰三角形（等邊長三公分）、正三角形（各邊長三公分）、直角不等邊三角形（最長邊六公分、最短邊三公分）、鈍角不等邊三角形（二短邊各三公分）。

第七恩物與中國的七巧板類似，恩物由立方體進展到面。各種面是前幾種恩物的面，本恩物各面的數目沒有限制，可照幼兒的程度增減。此恩物可給幼兒認識五種面及各種角度（銳角、直角、鈍角），幼兒利用各種面排出種種花樣，培養色彩觀念、美的情操、數理能力和思考力、想像力、創造力。

圖3-7　第七種恩物：面

第八種恩物：線

　　材料——細竹子或小木棒，分成五種，長各三公分、六公分、九公分、十二公分、十五公分。

　　由於線爲抽象的名詞，故以細竹或小木棒代替。五種長度以三公分爲基本，漸漸加倍，可使幼兒瞭解倍數的觀念；恩物由體而面，現又由面而線，幼兒在此恩物學會瞭簡單的幾何原理。依線的性質，可圍成實物輪廓，培養幼兒對長短距離和物體形狀的認識，及創造力、觀察力、想像力。

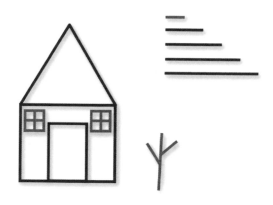

圖3-8　第八種恩物：線

第九種恩物：環

　　材料——金屬銅環。直徑各爲六公分、四公分半、三公分的全環及半環。

　　第八恩物全爲直線，第九恩物全爲曲線，曲線較接近物體的

輪廓，如杯子、球。此恩物可使幼兒認識圓與半圓之關係、直徑與
半徑的關係，培養創造力、注意力和數的觀念。

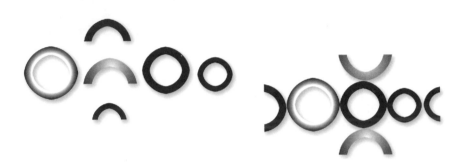

圖3-9　第九種恩物：環

第十種恩物：點

材料——以豆子、小石子代替。

第十種恩物是點，點是抽象名詞，故以豆子、小石子代替，
所有形狀均以點為基礎，點可以連成線，線為面的基礎，面又為體
的基礎。除了培養幼兒創造力、思考力外，並可促進幼兒小肌肉的
發展。

圖3-10　第十種恩物：點

以上爲Froebel十種恩物，第一至第六恩物是立體的，第七恩物是面，第八、第九恩物是線，第十恩物是點，點是由體而面而線分解而成。這些恩物雖不像玩具店琳瑯滿目的玩具之精美和富吸引力，但它們的實用性卻無窮，在幼兒期即訓練各種幾何知識，對其以後數理概念、智慧發展將有莫大的貢獻。我國應用此恩物者極少，曾任教中國文化大學青少年兒童福利系的林盛蕊老師及中國文化大學青少年兒童福利系創系人熊慧英教授曾大力提倡，已有部分幼稚園、托兒所及家長採用作爲幼兒的教具及玩具。

　　Froebel第十一至二十恩物爲作業遊戲，或稱爲工作遊戲，茲介紹如下：

第十一種恩物：刺工

　　材料——針、紙。

　　用針在紙上刺小孔，連接成各種形狀，如各種動物、用具的外型。此種恩物主要在訓練幼兒小肌肉的發育，手眼協調及創造力的發展。

圖3-11　第十一種恩物：刺工

第十二種恩物：縫工

材料──針、紙、棉線。

用針和線在紙上縫，訓練小肌肉、手指發育，手眼協調等能力的發展。

圖3-12　第十二種恩物：縫工

第十三種恩物：繪畫

材料──筆、紙。

用筆在紙上畫畫。最好用蠟筆，鉛筆太細，幼兒拿起來不方便。可培養幼兒創造力、肌肉發育及精細動作發展。

圖3-13　第十三種恩物：繪畫

第十四種恩物：編織工

　　材料——由有色的正方形色紙來編織。

　　用二張顏色不同的正方形色紙來讓幼兒編織，先由教師／父母將其中一張切成長條，另一張四邊各留二公分左右相同的寬度勿裁斷，中間部分均等剪成直線作爲底部，編織方式第一列爲一上一下，第二列爲一下一上，以此類推，目的在讓幼兒學習縱和橫、線和面的關係，上和下的概念，及精細動作與手眼協調發展。

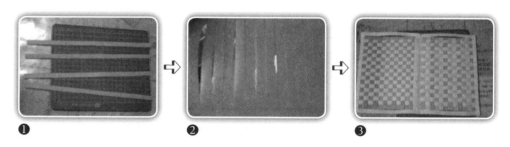

❶　　　　　　　　　❷　　　　　　　　　❸

圖3-14　第十四種恩物：編織工

第十五種恩物：摺紙工

　　材料——正方形的彩色紙。

　　摺紙的教育價值是養成數的觀念（有幾個角，幾個邊和整齊的態度）及方向和位置（表面、裡面，這邊和那邊，左右，相對邊和角，對角及對角線）記憶的訓練，按照順序摺才能達成目的。剛開始是注意老師／父母的指導才能摺成（漸漸的自己會創造），每個指頭都用到才能摺得好。目的在指導幼兒用紙來創作玩具的慾望，培養注意力、創造力及精細動作的能力。

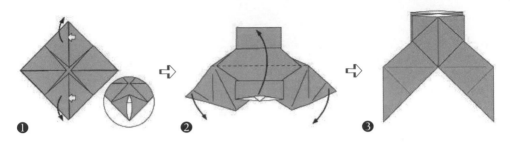

❶　　　❷　　　❸

圖3-15　第十五種恩物：摺紙工

第十六種恩物：剪貼工

　　材料——除各種種類的紙外，布料或可貼的材料皆可。

　　在摺紙的時候已由平面進入半立體的過程，Froebel再想剪貼的工作，剪完再貼得以完成工作。用剪刀在紙上剪出各種形狀或利用手將紙撕成小片，再貼於白紙或其他的色紙上，使形成各種圖案。目的在將分解的東西總和起來，讓幼兒辨識部分和全體、確認角和邊的關係，培養幼兒的注意力和比對色彩的審美觀念。目前小學、幼稚園頗爲流行，可以訓練幼兒大小肌肉的發展，培養耐力、創造力及審美的能力。

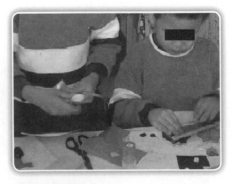

圖3-16　第十六種恩物：剪貼工

第十七種恩物：豆細工

材料——豆、竹子、細鐵線。

用豌豆浸水，使之漲大，用細竹穿刺成各種形狀，做曲線時可以用細鐵線代替，訓練幼兒動作肌肉發展，培養創造力、細心程度。Froebel從第十一恩物到現在都是對人類進化的過程來編著，工作由點到半立體進入立體，而立體的表現用豆細工來具體化。目的在讓幼兒從觀察立體的呈現，來理解角和邊的關係，所構成的物體形狀概念。

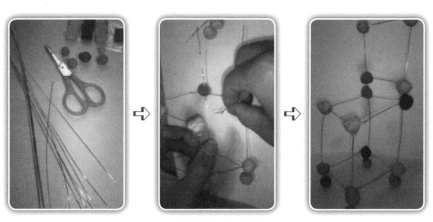

圖3-17 第十七種恩物：豆細工

第十八種恩物：厚紙細工

幼兒已經驗角、邊、進入立體，豆細工，再來是厚紙細工，讓幼兒由角、邊、面來表達立體工，可培養幼兒剪貼、摺紙和黏物體的能力，訓練幼兒安全使用工具的概念，使幼兒瞭解由點－線－

面－立體的關係，並滿足幼兒的求知慾。

圖3-18　第十八種恩物：厚紙細工

第十九種恩物：玩砂

　　讓幼兒利用觸覺學習感受質量的概量，幼兒拿砂在手裡時的觸覺、重量感，幼兒用雙手來做圓團時，感到物體的重量感。幼兒玩砂通常會非常高興，有的小朋友做山洞，用紙盒的火車穿過山洞，有的做小河，用紙摺船放在河上，有的做山，利用小石頭等，並且讓幼兒自由體會砂加上水和沒加水的不同，以及砂拌水的濕度

圖3-19　第十九種恩物：玩砂

該多少。用厚紙工、摺紙工來協同遊戲，全班小朋友個個有他們的構想，共同來創造這個遊戲，才是幼兒們最理想的遊戲。

第二十種恩物：黏土工

用黏土捏成各種物形，如雞、人、桌子等，具可塑性的黏土，可以訓練幼兒的雙手及小肌肉的發展，培養觀察力、專注力和創造力，及對藝術的審美觀念。

圖3-20　第二十種恩物：黏土工

以上第十一至第二十恩物，亦為Froebel所創，沿襲至今，已成目前幼稚園、托兒所的教材，對幼兒之貢獻頗大，Froebel之功不可沒。

表3-1　Froebel的恩物種類分類與說明

	教具名稱	主要目的
第一恩物	六色球 以球體象徵大自然，用紅、橙、黃、綠、藍、紫的絨（毛）線織成球套，分有帶子和無帶子兩種。	分辨顏色、數目和方向，「去－來」、「上－下」、「左－右」、「前－後」、「繞過來」等培養兒童的空間概念，球可以用來進行許多遊戲，培養圓滿的人格，滿足幼兒內在的活動性，感官訓練，增進認知和自動自發的能力。

（續）表3-1　Froebel的恩物種類分類與說明

	教具名稱	主要目的
第二恩物	三體 球體－代表自然 圓柱體－代表人工 立方體－代表自然和人工	三體互相比較，藉以瞭解個體和他人或家族和社會的關係，呈現美的調和，培養幼兒自發自覺的能力、理解力和分類能力。
第三恩物	立方體 第三恩物能分解，也能恢復原狀，可以創造不同的形狀，滿足幼兒，由分解和綜合，部分和全體的關係。	培養創造力、思考力、審美和數學邏輯正確的判斷力。
第四恩物	立方體 以垂直線和水平線為主的八塊積木組成的建築恩物，主體為立方體、部分為長方體，立方體併成長方體，又可以組成立方體。	八塊積木組成，使幼兒認識長方體，數目和體積的增加，滿足幼兒身心發展及求知慾望的要求和增進幼兒對建築物的概念，培養審美的概念、數理、創造思考和想像力，是幼兒期適性的恩物。
第五恩物	立方體 三十九塊小積木組合而成立方體，又稱美的建築物。	幫助幼兒溫故知新，比較第三恩物和第五恩物，讓幼兒認識面的數目及角度的變化，由淺入深，認識建築物的實物、奇數和偶數、直角、鈍角、銳角和長方面、正方面和三角面、培養數理能力、審美觀、自由想像和創造力，滿足幼兒的求知慾。
第六恩物	立方體 建築恩物的最後一個恩物是由三種不同大小面的長方體組成，是空間利用的建築。	做接近實物的建築，認識柱台和長方柱之不同特質，培養對空間的審美觀，經驗奇數，體會建築物的重要性，和正確的數目概念，培養創造和思考想像力。
第七恩物	面 由薄板做成的色板，與我國七巧板相仿，分為正方形、直角等腰三角形與三角柱的角面同大、正三角形、直角不等邊三角形、鈍角等腰三角形。	讓幼兒將這四種三角形共同的性質，順序比較，認識新的面，面的數目也不受限制，可以依照幼兒的程度增加，如此讓幼兒瞭解平面和立體的關係，培養幼兒的美感和提升創造思考力。這是由立體進入抽象的重要關鍵。

（續）表3-1　Froebel的恩物種類分類與說明

	教具名稱	主要目的
第八恩物	線 材料可以由細竹子、小棒子或吸管做成。	讓幼兒藉此瞭解線是無限的長、培養幼兒對數的正確觀念、長短距離的認識和物體正確的形狀、觀察力以及認識物體的輪廓。
第九恩物	曲線（環） 大、中、小的金屬性全環和半環。	以幼兒過去的經驗為主，去研究新的東西，透過食物排列的遊戲及富藝術性的圖案，讓幼兒瞭解環的意義，幫助幼兒知道圓和半圓、直徑和半徑的關係，進而培養幼兒認識曲線美，透過不同的排列方式，重新認識新的物體輪廓和培養數的觀念、專注力及創造思考力。
第十恩物	點，是物體的極限。	點是組成物體最基本的東西，線是無數點的組合，面是三點連成物體的形狀或輪廓。讓幼兒瞭解點、線、面的關係，促進幼兒手指肌肉的發展，培養其創造思考力。
◎十種恩物稱為分解恩物，是概念、分解與思考的教具，以及各種幾何圖形的認識，其結構由體→面→線→點。		
第十一恩物	打洞（刺工）	使幼兒藉反覆觸摸中得到快感，並增強他們的手指肌肉的力量。
第十二恩物	繡工（縫工）	讓幼兒學習如何將厚紙或薄板上的洞，連接起來，讓幼兒細心和耐心的學習。
第十三恩物	繪畫	多樣化的材料，使幼兒自由和充分發展創造思考力。
第十四恩物	編織工	讓幼兒瞭解用色彩調和的正方形來編織不同的面，利用編織學習上下，由數目學習數學。
第十五恩物	摺紙工	認識角、邊和對角線的關係，使幼兒集中注意在數的概念上，作為方向和位置等記憶的訓練。
第十六恩物	剪貼	將分解的東西總和起來，讓幼兒辨識部分和全體、確認角和邊的關係，培養幼兒的注意力和比對色彩的審美觀念。
第十七恩物	豆細工	讓幼兒從觀察立體的呈現，來理解角和邊的關係，所構成的物體形狀概念。

（續）表3-1　Froebel的恩物種類分類與說明

	教具名稱	主要目的
第十八恩物	厚紙細工	讓幼兒由角、邊、面來表達立體工，可培養幼兒剪貼、摺紙和黏物體的能力，訓練幼兒安全使用工具的概念，使幼兒瞭解由點－線－面－立體的關係，並滿足幼兒的求知慾。
第十九恩物	玩砂	讓幼兒利用觸覺學習感受質量的概念。
第二十恩物	黏土工	具可塑性的黏土，可以訓練幼兒的雙手及小肌肉的發展，培養觀察力、專注力和創造力，及對藝術的審美觀念。
◎第十一至二十恩物是操作、感覺與訓練的教材，稱為手工或工作，其最直接的目的是讓幼兒適應未來社會生活，奠定行動之基礎，培養幼兒觀察與創造力。		

資料來源：黃光雄（1966）、林盛蕊（1990）、黃志成、林貞谷、張培英（2004）。

 ## 第二節　Montessori及其教具

　　M. Montessori於一八七〇年生於義大利安可納（Ancona）的一個宗教家庭，天資聰穎，最初修習醫學，一八九五年畢業於羅馬大學，獲醫學博士，旋為羅馬大學精神療養院之助理醫師，負責為兒童診治，因業務關係，對智能障礙兒童之教育發生興趣。一八九一年至一九〇〇年曾任國立精神病治療學校的校長，對智能障礙兒童教育有很大的貢獻。一九〇七年應羅馬改良建築物協會之請，辦理兒童院（Casa dei Bambimi），招收三歲以上、六歲以下之兒童，施以智能障礙兒童教學法，成績良好，舉世轟動。一九一一年，赴美宣傳學說，頗引起美國人之注意。一九五二年五月六日與世長辭，享年八十三歲。

Montessori的教育體系是以感官爲基礎，以思考爲過程，以自由爲目的。她認爲幼兒心智的發展，均需要借重行動的表現。所以Montessori的教具，特別注重感官、動作的訓練，這可能與她所教的智能障礙兒童只能做些簡單的遊戲有關。Montessori之教育原理有二：

1.自由原則，完全以兒童爲本位的教育，和二十世紀的教育潮流頗爲相符。

2.責任原則，管理兒童的責任要歸於兒童自己，培養兒童的責任感。她認爲孩子自出生到六歲（即幼兒期）是最敏銳的時期，依照她的觀察，可按年齡分成幾個發展階段。

(1)出生到三歲是吸收能力最強之期，且開始嘗試感官經驗。

(2)由一歲半到三歲是語言發展階段。

(3)一歲半到四歲肌肉迅速發展，且對小玩具感到興趣。

(4)二歲到四歲行動機警，對眞相事實有興趣，瞭解時間先後次序。

(5)二歲半到六歲感官十分敏銳。

(6)三歲到六歲易受成人的影響。

(7)四歲到四歲半觸覺發展開始。

(8)四歲半到五歲半開始會閱讀書籍。

Montessori基於幼兒以手腦並用、好奇、探索與自主學習特性，創設感覺教具，訓練幼兒感覺能力的發展與精鍊，其中包括視、聽、嗅、味、觸、溫、壓覺以及辨認立體、色彩方面的感覺。Montessori強調透過感覺教具之操弄，可施行感覺教育，幫助幼兒發展；並藉使幼兒的智能及控制力更加敏銳，進一步組織、分類感官知覺內容，造成內在心智的秩序能力，以預作深層學習的準備度（readiness）。Montessori之教學，重在感覺訓練，其所創之教

具，即在訓練感官，稱為作業恩物。感覺教具包括一系列實物，每組實物間各具相同特性，而難度、深淺有別；各實物間呈漸次變化，可以固定數值表示，並依各實物特性加以分類，如顏色、形狀、大小、聲音、質地、重量、溫度等。

十種教材遊戲介紹如下：

第一種教材：觸覺遊戲

主要訓練皮膚覺（溫度感覺）、壓覺和實體認識等教育。

材料——木板、砂紙、各種質料的布。

將木板的一面貼上砂紙，另一面則為平滑者。遊戲時，將幼兒眼睛蒙起，以手辨別兩面，或以各種不同質料的布，放在箱子裡，讓幼兒用手去辨別。此種遊戲可訓練幼兒觸覺的靈敏度。

表3-2　第一種教材：觸覺遊戲

類別	教具名稱	教育內容
皮膚覺	觸覺板 觸覺板 觸覺板 布盒 布盒	＊粗糙、光滑 ＊由粗到光滑的漸次性 ＊不同程度砂紙板之漸次性 ＊配對 ＊花紋、質地之辨認、配對質地、名稱之辨認、記憶
壓覺	重量板 壓覺筒	＊重、次重、輕 ＊壓覺的漸次性
實體認識	神秘袋1 神秘袋2 神秘袋3 神秘袋4 神秘袋5 神秘袋6 神秘袋7 神秘袋8 神秘袋9 神秘袋10	＊兩個裝著相同物的袋子如成對的立方體 ＊硬幣配對 ＊不同物品不同材質的小物品 ＊性質相似大小不同的物品 ＊大小、質料類似但形狀不同的物品 ＊大小、形狀類似但質料不同的兩種物品 ＊形狀、大小各異的三種物品 ＊比較材料共通性的練習 ＊用指尖就可以辨認的小東西 ＊常見的小物品

第二種教材：重量感覺遊戲

可訓練幼兒手部的感覺，分辨物體的重量。

材料——木塊式樣相同重量不同者三塊。

用三種不同重量的木塊，令幼兒以手去辨別重量，哪個最輕？哪個最重？這也是手部感官訓練的一種。

第三種教材：視覺遊戲

教育幼兒物的大小、顏色及辨別形狀。

材料——立體幾何木塊（三角柱、球體、圓柱體等）、顏色絲線板兩箱共六十四種，各種幾何形狀紙（分影畫、粗線輪廓畫、細線輪廓畫）。各種立體木塊令幼兒辨別形狀，絲線令幼兒辨明顏色，幾何形紙令幼兒辨明畫的種類，旨在訓練幼兒視覺的靈敏度。

表3-3　第三種教材：視覺遊戲

類別	教具名稱	教育內容
尺寸大小	帶插座圓柱體 粉紅塔 棕色梯 長棒 彩色圓柱體	＊高低、胖瘦、大小 ＊大小 ＊厚、薄、粗、細 ＊長、短 ＊與圓柱體相同
顏色	色板1 色板2 色板3 色板4 色板5	＊顏色的基本 ＊顏色的種類 ＊彩虹的顏色 ＊三色度的比較 ＊顏色的漸次性
形狀	幾何拼圖櫥 幾何學立體 三角形組合	＊各種平面幾何 ＊基本幾何學立體 ＊各種幾何圖形的合成與分解

幼兒遊戲

第四種教材：聽覺遊戲

聽覺教育，包含音的強弱、高低、種類。

材料——空罐子六個，分盛穀子、亞麻仁、砂粒、石子、磚瓦碎塊、細砂。

小鈴十三個，每個均繫有音度之名稱。

以空罐裝六種不同東西，搖擺時，令幼兒分辨各種東西所發出的聲音。小鈴之不同音度亦可讓幼兒辨別。

表3-4　第四種教材：聽覺遊戲

教具名稱	教育內容
聽覺筒 音感鐘	＊聲音大小、強弱、高低、粗細 ＊樂音的相同性（配對） ＊樂音的漸次性（序列即音階） ＊全音與半音的認識 ＊樂音的名稱 ＊發聲練習

第五種教材：溫覺遊戲

可訓練幼兒手部的感覺，分辨物體的溫度。

材料——杯子數個，不同溫度的水。

注入各種不同溫度（如約十度、二十度、三十度、四十度、五十度，不宜超過五十度）的水於各個杯子，令幼兒用指尖去摸杯子，使其分辨溫度的高低。

第六種教材：色覺遊戲

可訓練幼兒的視覺，練習辨色能力。

材料——黑、紅、橙、黃、藍、紫、褐、綠八色之手帕，各有濃淡八級，共有六十四條。

幼兒將濃淡不同的手帕，依次排序。

第七種教材：嗅覺遊戲

嗅覺教育，包含各種氣味的認識、辨別。

教材——各種不同味道的花。

令幼兒由不同味道的花，辨明花的種類，可訓練幼兒的嗅覺。

表3-5　第七種教材：嗅覺遊戲

教具名稱	教育內容
嗅覺瓶	＊不同氣味的判別與名稱練習 ＊目的： 　1.直接目的： 　　(1)增進嗅覺的敏銳度 　　(2)專心 　2.間接目的： 　　(1)由感官習得不同的嗅覺 　　(2)認識味道的種類、屬性

第八種教材：味覺遊戲

訓練幼兒的味覺。

材料——開水、糖、鹽等。

表3-6　第八種教材：味覺遊戲

教具名稱	教育內容
味覺瓶	＊濃、淡、酸、甜、苦、辣等味道的判別與名稱練習 ＊目的：1.味覺的分辨能力 　　　　2.培養判斷力

　　將不同味道的東西放進各個有水的杯子裡，令幼兒嘗嘗看，味道的不同，可訓練幼兒的味覺。

第九種教材：手指動作遊戲

　　可訓練幼兒手指動作是否靈活，即精細動作能力。

　　材料——附有鈕扣的布。

　　令幼兒扣鈕扣，打開後再重複之。

第十種教材：文字、數字遊戲

　　可訓練幼兒對文字的瞭解，對數字的概念。

　　材料——筆、厚紙板。

　　將字母、數字寫在厚紙板上，令幼兒識字或數數。

　　以上十種教材為Montessori所創，皆與實際生活有關，幼兒玩起來會更加起勁，也覺得有趣。

第三節　Piaget及其認知遊戲

　　J．Piaget於一八九六年八月九日生於瑞士紐夏迪爾（Newchatel），自小聰慧早熟，十歲發表科學論文，二十二歲獲得博士學位。Piaget得到學位以後，開始致力於哲學之研究。一九二○年發表《心理分析與兒童心理關係》的文章。並接受史上第一個創製智力測驗的T. Simon和A. Binet的指導，修正英國C. Burt的推理測驗，奠定其後使用診斷方法（clinical method）之良好基礎，且由於修訂此測驗所遭遇之種種困難問題，激起他對智慧研究的興趣，認為智慧測驗應能測量不同年齡兒童所使用之不同思想方式，而非只是根據做對題數計算智商的方式。一九二一年任日內瓦Rousseau教育科學研究組主任，從此專心致力於兒童思想之研究。一九三三年升為該院主任，並在各大學任課。以後Piaget專心從事於兒童的實驗，以瞭解人類智慧的演進，並陸續出版有關書籍及研究論文，為當代有名的發展心理學家。

　　Piaget主要的學理乃注重兒童的思想過程，而不只注意最後的智慧，他將整個人類智慧發展過程分為四個時期（引自黃志成、王淑芬、陳玉玟，2008）：

1.感覺動作期（sensory motor period）：初生到二歲，在此階段裡，嬰幼兒主要以身體的動作及由動作獲得感覺去認識他周圍的世界，口的吸吮和手的抓取是嬰幼兒用以探索世界的主要動作。此期嬰幼兒的遊戲或玩具以感官刺激及手的操作為主，如搖鈴、鈴鼓等。

2.準備運思期：即前操作期（preoperational period），由二歲到七歲，幼兒以直覺來瞭解世界，往往只知其一，不知其

表3-7　Piaget兒童認知發展階段的特點

階段	特點
感覺動作期（0~2歲）	依賴感覺和動作來認識外界環境。
準備運思期（2~7歲）	用語言、文字、圖形等符號從事學習。
具體運思期（7~11歲）	以實際經驗或實物做邏輯思考。
形式運思期（11歲以後）	可以運用語詞或符號進行抽象邏輯思考，且能根據假設或命題進行邏輯演繹推理。

資料來源：引自黃志成、王淑芬、陳玉玟（2008）。

　　二。此期幼兒的遊戲或玩具以簡易的操作經驗為主，如洋娃娃、小汽車、積木等。

3. **具體運思期**：即具體操作期（concrete operation period），由七歲到十一歲，兒童在這段期間，其思考能力都與具體的經驗、具體的實物有關。此期兒童的遊戲或玩具以具體經歷的事物為主，如躲避球、老鷹捉小雞、機器人等。

4. **抽象智慧期**：即形式操作期（formal operation period），十一歲以後，兒童由感覺世界進入觀念世界，能做抽象的思維。此期少年的遊戲或玩具以球類比賽、下棋、電動玩具、虛擬網路等為主。

　　由此可知，幼兒的智慧發展乃停留在感覺動作期與準備運思期，此階段幼兒能體認環境，順應環境，幼兒之知能皆由實際行動表現，例如在此階段的幼兒在床上時，他看見一個枕頭，就拿過來靠緊臉部表示睡覺，這是感覺動作期的一個遊戲活動。幼兒智慧發展至準備運思期，他是以直覺來瞭解世界，但對事物的真相並不瞭解。例如：拿兩個同大的黏土球給幼兒看，然後問他「這兩個球一樣大嗎？」他回答：「一樣大。」然後就在他面前讓他看著你把其中一個球壓成橢圓形。再以相同的問題問他，他的回答有時是圓形球大，有時是橢圓形大。

這就是此期幼兒對事物的看法只知其一，不知其二的象徵。因此，成人知道幼兒智慧發展的分期以後，在遊戲方面的指導才有個依據，否則揠苗助長，只是徒勞而無功。例如許多幼稚園小班的老師教導幼兒一加二等於三，這就是沒有瞭解幼兒的智慧發展。

　　Piaget為瞭解幼兒智慧發展，做了許多實驗遊戲，供成人去瞭解幼兒，以下就簡單列舉幾項，以饗讀者：

一、時間概念遊戲

　　材料——連續故事圖數組。

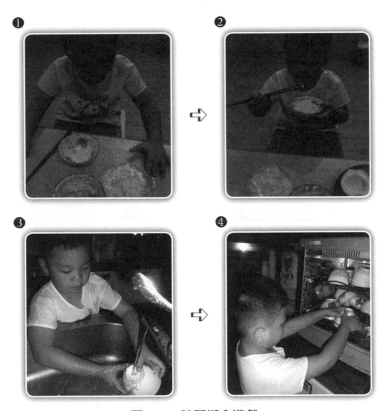

圖3-21　時間概念遊戲

　　例如，以「幼兒用餐」的故事一組，以四幅連續圖片代替，遊戲開始時，將四幅圖片不按次序混合排列，令幼兒按照時間的次序排列以後，再請他敘述此故事，一面說一面指出對照的圖片。此遊戲旨在瞭解幼兒有無時間先後的概念。

二、固體物質的保存概念遊戲

　　材料——同大黏土球兩個。

　　遊戲開始時，令幼兒確知兩個球一樣大，然後將其中一個分成幾個小球，再與另一個大的比較，問幼兒會不會一樣多，並問其原因，以確知其思想過程。這個遊戲就是要瞭解幼兒對固體物質的量，不因外表形狀之變化而增減，恆保存其原有量的認知能力。

圖3-22　固體物質的保存概念遊戲

三、液體物質的保存概念遊戲

　　材料——二個同樣大的透明杯子，一個高而狹窄的杯子、水。

　　遊戲開始時，將水分別盛進兩個相同的杯子裡，並請幼兒合作，直到他認為兩邊的水相等為止。然後在他面前，將其中一杯倒進高而狹窄的杯子裡，再拿另一杯相比，問幼兒「哪一邊的水多？

圖3-23　液體物質的保存概念遊戲

或是一樣多？」並問其原因，以確知他的思想過程。準備運思期的幼兒可能會認為較高而狹窄的杯子水多，問他原因，則稱水位較高。本遊戲的目的是要瞭解幼兒對液體物質的量，不受容器形狀的變換而增減的認知能力。

四、數的保存概念遊戲

材料——小石子十二粒（或圍棋、錢幣十二個）。

遊戲開始時，將石子排成兩行，每行各六粒，問幼兒是否兩行的石子一樣多，確定是一樣多以後，將一行的石子間隔距離擴大，再問他哪一行的石子較多，並問其原因，以確知他的思想過程。此遊戲可將石子距離擴大、縮小或分成兩堆等，此遊戲的目的

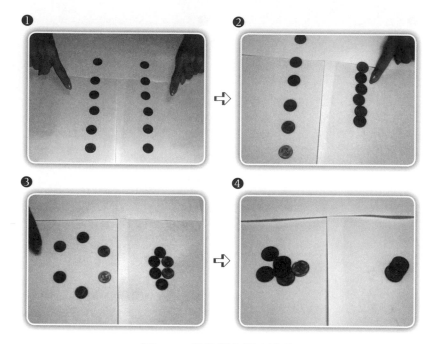

圖3-24　數的保存概念遊戲

是要瞭解幼兒對數量的多少，不受空間距離與排列狀況的改變而增減的認知能力。

五、長度的保存概念遊戲

材料──等長度的吸管二根。

遊戲開始時，將兩根吸管置於幼兒面前，待其確定一樣長以後，將兩條的位置隨意變換，問幼兒是否一樣長，並問其理由，以確知其思想過程。此遊戲的目的，在瞭解幼兒對物體的長度，不論位置如何改變，其長度恆常不變的認知能力。

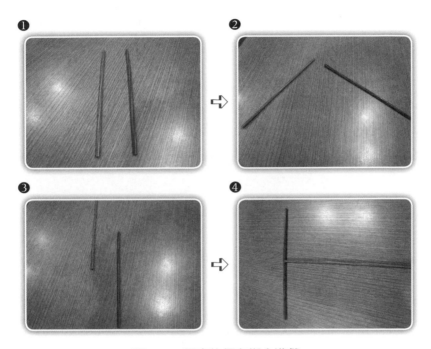

圖3-25　長度的保存概念遊戲

六、序列概念遊戲

　　材料——吸管八根，長度分別為三公分、五公分、七公分、
九公分、十一公分、十三公分、十五公分、十七公分。

　　遊戲開始時，將八根吸管散放在幼兒面前，令幼兒依長短順
序，依次排列。此遊戲的目的，在瞭解幼兒是否能知道物體長短的
順序。

圖3-26 序列概念遊戲

七、邏輯分類遊戲

　　材料——藍色和紅色之圓形、三角形、正方形厚紙板各二片。

　　遊戲開始時，將六張紙片散放於桌面上。令幼兒將同一顏色的紙片放在一起，看看幼兒能否將藍色和紅色分開，或令幼兒將同一形狀的紙片放在一起，看看幼兒能否將圓形、三角形和正方形分開。

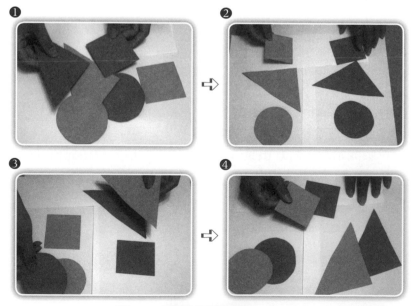

圖3-27 邏輯分類遊戲

參考文獻

一、中文部分

高月梅、張泓（1995）。《幼兒心理學》。台北市：五南。

林佩蓉、陳淑琦（2003）。《幼兒教育》。台北縣：國立空中大學。

林盛蕊（1990）。《Froebel恩物理論與實際》（五版）。台北市：中國文化大學青少年兒童福利學系。

黃光雄（1966）。〈Froebel教育思想之研究〉。《教育研究所集刊》，8，264-266。

黃志成、王淑芬、陳玉玟（2008）。《幼兒發展》。台北市：揚智。

黃志成、林貞谷、張培英（2004）。《嬰幼兒的教育》。台北市：揚智。

二、英文部分

Bandura, A. (1977). *Social Learning Theory*. Englewood Cliffs, N.J.: Prentice Hall.

第四章

幼兒遊戲的發展

▸ 遊戲與幼兒發展

▸ 初生到六歲的遊戲發展

　　「幸福擁有」（obligatio to be happy）為童年建構的重要特徵，這個特徵與兒童遊戲畫上等號（王瑞賢、張盈堃、王慧蘭譯，2009）。幼兒喜歡遊戲，這是不可否認的事實，但是幼兒對各種遊戲的喜愛程度，卻有不同。影響幼兒遊戲的因素包括性別、年齡、智力、健康等（已如前述），其中又以年齡和智力的影響最大。就性別來說，它是永遠不會變的，大人只要注意男女幼兒對遊戲興趣的傾向即可，但是年齡和智力就不一樣了。幼兒一年一年地長大，在這生長過程中，身心都不停地在變化。以生理為例，嬰兒不能行走，但是兩歲的幼兒已能行動自如；以心理為例，J. Piaget認為二歲以前幼兒的認知發展屬於感覺動作期，二歲以後的認知發展則屬於準備運思期。個體的動作能力會隨著年齡的增長而發展（Gallahue & Ozmun, 1998），從嬰兒出生到老死，這個發展的歷程都不會停止。

　　幼兒由於身心狀況的不同，遊戲活動自然也就不同。我們可以這麼說：嬰幼兒期，也就是幼兒遊戲的發展期。本章第一節將以遊戲與幼兒發展論述；第二節將以年齡為準，分別敘述各年齡的遊戲發展。

第一節　遊戲與幼兒發展

一、認知發展與遊戲行為

　　對兒童認知發展貢獻最大的，要算是瑞士心理學家J. Piaget了，Piaget將兒童的認知發展分為「感覺動作期」、「準備運思期」、「具體操作期」、「形式運思期」四個階段，從認知發展的

觀點解釋遊戲，他認為認知發展影響兒童的遊戲行為，並將兒童的遊戲行為發展分為三個階段為「練習遊戲」、「象徵遊戲」、「規則遊戲」，摘要如表4-1所示，並說明如下：

表4-1　Piaget從兒童認知發展來區分兒童遊戲行為

認知發展階段	年齡	遊戲行為
感覺動作期——六階段		
1. 與生俱來的本能反射運動	初生至1月	練習的遊戲
2. 初步連環反應	1～4月	
3. 次級的連環反應	4～8月	
4. 機略的初步聯繫運用	8～12月	
5. 第三級的連環反應	12～18月	
6. 從由心活動創造新的機略	18～24月	
準備運思期	2～7歲	象徵遊戲（結構遊戲）
具體操作期	7～12歲	有規則的遊戲
形式運思期	12～15歲	有規則的遊戲

資料來源：曾錦煌譯（1982）。

(一)感覺動作期（sensorimotor period）（○至二歲）的遊戲

依Piaget的分類，○至二歲的幼兒，其認知發展處於感覺動作期階段，遊戲型態大部分屬於練習遊戲。Piaget認為感覺動作活動的發展是由三個漸次複雜型態的反應所組成，初級循環反應、次級循環反應及第三級循環反應，茲將感覺動作活動的發展和其各階段遊戲型態表列（參閱表4-2）。

嬰兒期又稱為獨自玩樂的時期，以運動自己的身體、發音遊戲、撥弄簡易玩物、使用感官為主的感覺動作遊戲為主要項目。練習遊戲並不涉及符號或任何特殊的技巧，包括為高興而重複的動作，當嬰兒重複他們的行為時，他們嘗試與早些所學的行為接合起來。這種自得其樂的遊戲，持續到兩歲以後就大為減少了。

表4-2　感覺動作活動的發展和其各階段遊戲型態

發展階段	心智特徵	遊戲型態
0～1個月	主要活動為簡單的反射動作。	甚少學者對此階段的遊戲做論述。
1～4個月	開始出現初級循環反應，如：吸吮、抓握、注視等個別動作，並開始有所協調。	遊戲始於嬰兒重複做，為了高興而做的，一個自身肢體所導引的活動。
4～8個月	次級循環反應出現，嬰兒重複著不局限在自身肢體所導引的活動。並對外在世界的反應極感興趣。	在遊戲中，嬰兒重複著動作，如敲打桌子，而從中得到滿足的效果。
8～12個月	展現出有意圖的、目標導向的活動。如：孩童推開枕頭以取得置放於後的玩具。	通常目標導向的嬰兒會捨棄活動的目的，而只享受過程。如：推開枕頭的動作變成了一個好玩的遊戲，而孩童似乎忘記了藏在枕後的玩具。
12～18月	第三級循環反應的開始，不僅止於重複做有趣的動作，孩童在這個階段會讓這些動作有所變化，以獲得更多的喜悅。	和感覺動作活動比較起來，這一階段會有極大的差異，亦即孩童會立即和有意地讓活動的經驗複雜化和更為有趣。
18個月以上	出現表徵性的行為，幼兒有能力以某一件事物替代另一件事物。	自主感官活動逐漸地被表徵性的活動，也是入學前的主要活動所取代。

資料來源：Piaget (1962).

(二)準備運思期（preoperational period）（二至七歲）的遊戲

此時期的幼兒以物為象徵是其最大特徵，但不同於嬰兒期那種單調反覆、百玩不厭的撥弄，而是進入幻想性、模仿性、建設性與趣味性的操弄與創作，再發展至運動式的遊戲。三至四歲的幼兒尤其熱中於模仿遊戲，透過角色的扮演以模仿成人的語言和行為，五歲時更具有社會化的戲劇性遊戲，由演戲的模仿至有意的模仿，幾乎占了幼兒遊戲生活的大部分，六至七歲時就進展至較具積極性、求知性的遊戲，例如，看故事書、看電視卡通、聽音樂或聽故事。

(三)具體操作期（concrete operational period）（七至十二歲）的遊戲

　　透過社交戲劇遊戲，兒童逐漸社會化，在這之前，兒童的環境觀念以「必須眼見眞實的才相信」爲限，形成自我中心的觀念，進而透過模仿和學習他人的角色，在遊戲中加上了規律的新方向，形成了有規則的遊戲（games with rules）。大家遵守規律，同時任何規則要改變必須獲得一致的同意，任何違反規則的行爲都會被抗議。

(四)形式運思期（formal operational period）（十二至十五歲）的遊戲

　　青少年對思想和事件的形式相當關心，其全神貫注於遊戲規則，並且沉醉於預想遊戲中種種的可能情況，以及整理出規則以應付可能發生的情況。有規則的比賽表示高度遊戲發展的形成，由此兒童必須接受既定的規則並去適應，更重要的是，兒童學習在限度內控制自己的行爲。

二、遊戲對幼兒發展的功能

L. S. Vygotsky認為遊戲可以促進幼兒的認知發展。他強調在遊戲中，幼兒能實現真實生活中所不能實現的慾望，遊戲即代表想像發展的開始（Vygotsky, 1978）。兒童的遊戲行為必須包含三個特徵：(1)他創造了一個想像的情境，在這個情境中有「假裝」的行為出現；(2)有角色的界定，每個人依照該角色所應有的行為去加以扮演；(3)他能夠對角色加以命名，並且描述他所想像的情境。換句話說，遊戲中必定有語言的表達。他指出遊戲對兒童具有以下功能：

1.遊戲能讓幼兒宣洩情緒和抒發感情。
2.透過想像的情境，有助於幼兒抽象思考能力的發展。

遊戲有助於象徵思考能力的發展，使幼兒能將思想和行動或實物分離。例如，以一條跳繩代替真正的火車，去代表「火車」的字義，此時「火車」這個詞已經從「火車」這個實物抽離。

大體上來說，遊戲對幼兒發展具有下列功能：

(一)遊戲有助於幼兒生理發展

體能遊戲包括練習遊戲、規則性的反覆和打鬧遊戲。幼兒透過遊戲活動，發展肌肉協調和平衡能力，增進身體健康，有助於生理發展。

(二)遊戲有助於幼兒認知思考與創造能力發展

研究發現自由遊戲與創造思考間具有相關，參與自由遊戲愈

多，其在創思測驗的分數也愈高（Dansky & Silverman, 1975）。擴散性思考與創意的想像遊戲有關（Hutt & Bhavnani, 1976），有幾位研究者的結論是：遊戲者在團體中對物品有較不尋常的反應，而遊戲促進對物品新奇反應的能力。另外，Singer和Rummo（1973）也發現，具有高度創造力的男孩比較好奇、幽默、好玩以及善於溝通和表達。

(三)遊戲有助於兒童情緒發展

研究顯示，經常進行想像遊戲的幼兒比進行其他遊戲的幼兒較有耐心等待，亦即控制衝動的能力較佳（Rogers & Sawyeers, 1997）。也就是說，象徵遊戲能提供幼兒適度表達情緒的機會，因而可以控制負面情緒對自己的影響。另一方面，幼兒參與遊戲活動，因自我表現而感到得意，因交到朋友而感到滿足，因不快情緒獲得紓解而感到開心，幼兒在遊戲活動中，經驗到各種情緒，並學習如何處理情緒問題。

(四)遊戲有助於兒童社會能力發展

社會能力是指個體有效地處理人際問題的能力。幼兒的象徵遊戲、社會戲劇遊戲活動提供幼兒充分的社會學習機會，例如，學習如何加入一個團體、如何與他人相處、如何分工合作、如何與他人協調、如何遵守遊戲規則、如何與人分享等。

三、幼兒發展與遊戲行為

以幼兒發展的角度來看遊戲行為，可將遊戲行為分為認知性遊戲行為和社會性遊戲行為，分述如下：

(一)認知性遊戲行為

Piaget（1962）將認知性遊戲行為，分為練習遊戲、象徵性遊戲和規則遊戲，Smilansky（1968）採Piaget之分類架構，另修改為四類的認知性遊戲行為：

1. 功能遊戲（functional play）：簡單的、重複的肌肉活動，包含使用或沒有使用玩具，例如，跳、跑、踢、搖晃玩具等。
2. 建構遊戲（constructive play）：有目的的遊戲與使用玩具，例如，美術拼貼、釘木板、疊積木、堆沙堡等遊戲。
3. 戲劇遊戲（dramatic play）：模仿角色的遊戲或關於行動和情境的偽裝，例如，扮家家酒遊戲、把木棍當馬騎的遊戲。
4. 規則遊戲（games with rule）：訂好規則，互相遵守的遊戲，例如，籃球賽、下棋等。

(二)社會性遊戲行為

社會性遊戲行為最早由Parten（1932）提出，Parten觀察幼兒在遊戲中的社會參與情形，她發現幼兒在遊戲中的社會行為可以分為六類：

1. 無所事事的行為（unoccupied behavior）：沒有參與任何遊戲活動或社會互動，只是隨意觀望。是二至三歲幼兒出現較多的行為。
2. 旁觀者的行為（onlooker behavior）：幼兒大部分時間都在觀看他人遊戲，偶爾和他人交談，有時候會提出問題或提供建議，是二‧五至三歲兒童出現較多的行為。
3. 單獨遊戲（solitary play）：幼兒獨自遊戲，沒有和別人互

動，附近也沒有其他幼兒玩相同的玩具，二至二‧五歲幼兒
出現較多的行為。

4.平行遊戲（parallel play）：幼兒玩與鄰近幼兒相同的玩具，
但彼此之間沒有互動，二至三歲幼兒出現較多的行為。

5.聯合遊戲（associative play）：幼兒和其他幼兒玩在一起，
進行相似但不一定相同的活動，遊戲中沒有分工和組織，
三‧五至四歲出現較多的行為。

6.合作遊戲（cooperative play）：遊戲具有組織性，幼兒和其
他幼兒合力完成某個作品或達成某個目的，四‧五歲兒童出
現較多的行為。

四、幼兒遊戲的分期

綜合上述，依年齡的發展，幼兒遊戲分成以下各期（黃志
成、王淑芬、陳玉玟，2008）：

(一)單獨遊戲

兩歲以前的幼兒，在發展上自我中心很強，所以在遊戲活動
中，均以自我為基礎，既無意與其他幼兒玩耍，也不想接納其他友

伴。此期的幼兒遊戲均為感官為主的感覺動作遊戲，可以一個人玩得很愉快，屬單獨遊戲時期。

(二)平行遊戲

從兩歲到三歲的幼兒，已進入群體時期，然而其遊戲多為各玩各的，彼此間少有溝通，不喜歡與人合作，且遊戲的目的，往往僅為遊戲，並無競爭的意義存在，稱為平行遊戲。

(三)聯合遊戲

從四歲到五歲，幼兒逐漸社會化，開始與周圍的玩伴談話、共同遊戲，唯人數以兩人或少數人為主，他們並無特殊組織，只是在一起做相同或類似的活動而已。三、四歲的幼兒乃是展現「象徵遊戲」之行為的顛峰期，故熱中於模仿的遊戲，透過角色的扮演，模仿成人的語言和行為，五歲幼兒則更具社會化的戲劇性遊戲。

(四)團體遊戲

五歲至六歲的幼兒，開始玩較為複雜的遊戲，且由無組織變為有組織的群體，例如，騎馬打仗，已能分成兩組展開活動；遊戲的結構，亦隨年齡的增加，漸漸分化。

(五)合作遊戲

七歲至八歲的兒童，開始有分工合作的遊戲，而且每個參加分子都有一定的任務。十歲兒童的遊戲規則嚴明，大都屬於競爭的性質，從此兒童便產生合作與競爭等社會化行為。

以上的分法，僅是籠統的區別，事實上年齡的描繪亦僅能做

94

個參考，因為幼兒發展有個別差異，有的快、有的慢，少則相差二、三個月，多則一年以上，但可斷言的是，分期的順序不會改變，先由單獨遊戲、平行遊戲進而聯合遊戲、團體遊戲，以至於合作遊戲。此外，所謂的單獨遊戲僅指無幼兒與之玩耍，並不包括大人在內，因為母親與嬰兒的遊戲，可以說從出生即開始，只是新生兒尚不懂得遊戲，要到三、四個月以後，才對母親的動作開始有反應，這可以說是嬰兒遊戲的開端，到了六、七個月時，已會跟大人玩簡單的捉迷藏了，這都是幼兒與大人間的遊戲活動。其他的平行遊戲或聯合遊戲等指的也是年齡相近的玩伴，並不包括大人在內。

第二節　初生到六歲的遊戲發展

一、初生到一歲的遊戲活動

　　初生的嬰兒，除了吃奶以外，幾乎終日在睡眠之中，此時由於他的骨骼大都是軟骨，所以不能坐，更不能站，大小肌肉的發展也不成熟，所以除了養護以外，談不上什麼遊戲。及至二個月以後，雖然在動作發展上並沒有顯著的進步，但是在感官方面，已漸開始發展，特別是眼睛和耳朵，所以在這個時候給予視覺和聽覺的刺激是最適當不過了。視覺的刺激可以有光亮的懸垂物或有鮮豔顏色的物品，如Froebel恩物的六個毛線球掛在搖籃上面，或顏色鮮豔的玩具等，可以刺激嬰兒視覺發展。

　　至於聽覺的刺激，當然就是要給他悅耳的聲音，盡量避免噪音或巨響。家裡可在他清醒的時候放點柔和的音樂，嬰兒的搖籃上可掛音樂鐘，使他沉醉在優美的旋律裡。

許多媽媽都會逗他，跟他講話，雖然他無法聽懂，也無法與大人玩，但是這張慈愛的面孔，溫柔的聲音，已漸漸印在他幼小的心坎裡，奠定母（父）子感情的基礎，忙碌的父母親，能不給這位「新人」一個深刻的印象嗎？

三至四個月的嬰兒已漸漸發展他的社會行為了，此時大人逗他，會笑了，這就是反應大人的刺激；嘴裡也「咿呀！咿呀！」的牙牙學語；手腳也開始「不規矩」了，手常想抓鄰近的東西，腳也踢來踢去，動個不停，幼兒真正的遊戲活動，可以說在這個時候開始。此時最重要的教育就是幫助他發展「人際關係」，所以無論父母親如何忙碌，每天總要抽出一點時間與他共處，逗他玩。由於好奇心的驅使，除了眼睛不停地東張西望，成人必須要滿足他的視覺慾望，多給他一些視覺的刺激外，他的手也會亂抓東西，因此，在搖籃裡可以準備些東西讓他抓握，以增進其動作發展。

四至五個月的嬰兒，頭部已漸穩定了，此時嬰兒如果俯臥在床上，頭能抬起來，手也喜歡握東西，即拳握反射，握的力量很大，成人應給他的手部有握持的機會。

五至六個月的嬰兒，抓起東西就往嘴裡送，成人不要以為他貪吃，其實，他只是想去吸吮和玩玩罷了。

六至七個月的嬰兒，可以用雙手拿東西，喜歡玩會響的東西。他手的動作已漸開始靈活，而且自己在床上會翻身，大人應常給他機會，以活動筋骨。

七至八個月的嬰兒，由於身心的發展，喜歡搬動玩具、敲打東西，會主動與你玩耍，例如：他會喜歡與你玩捉迷藏的遊戲。

有時他也會模仿大人的音調，對於大人的言語，已漸能有所領悟，故此時可以給他更多的玩具，和他做更多的遊戲，如仰臥、坐起的動作、拍手遊戲等等。

八至九個月的嬰兒，開始學爬了，無論在床上、桌上、沙發

上，甚至於地板上，他都喜歡爬行，大人不該禁止他爬來爬去，最好給他足夠的空間爬行，並注意安全，以免發生意外。訓練幼兒爬行的遊戲，最好是利用東西，引誘他前來拿。

九至十個月的嬰兒，開始會用兒語交談了，大人應常常和他講話，以增加他模仿的機會，這是一種發音遊戲，或稱語言遊戲。有時試圖站立，大人可以幫助他。

十至十一個月的嬰兒更頑皮了，由於他可以自由爬行，所以屋子裡每個角落，只要他能到的地方，他都想去摸摸碰碰，大人應注意把危險的物品收拾起來。此時還須添加一些玩具，以滿足他的好奇心。嬰兒也隨著發展的不同，有的開始學會站立了，有的正在學，學站可以用東西輔助。除了訓練他站以外，鼓勵是必要的，但是卻不能提早在八、九個月學站，因為不但徒勞無功，而且可能有礙發展。

十一至十二個月的嬰兒喜歡到外面玩，此時家人和家裡的一切玩具他都玩夠了，外面的世界更能引起他的興趣，他並開始學走路了，一歲的幼兒遊戲，已又向前邁進了一大步，無論對人、對物都有顯著的成長。嬰兒學步有學步車，也可以有其他輔助工具。

綜合以上一歲嬰兒的遊戲活動，不外乎以促進身體動作、肌肉發展及增進社會化為目的。大人除了要瞭解幼兒的發展，給予適當的遊戲外，更要注意每個嬰兒發展的個別差異，或快或慢，不必一定要依一般的常模來決定嬰兒的成長。同時還要注意不可因急欲看到自己嬰兒的成長，而過分焦慮，甚至揠苗助長，那就有害於他了。

以下介紹嬰兒體操給父母親參考。由於一歲內的嬰兒，在生理發育上，就有顯著的分期，所以各階段所注意的重點也不一樣。

嬰兒體操的順序：

1. 足部運動（附握腳的方法）：主要訓練期二至四個月。
2. 手部運動（附握手的方法）：主要訓練期三至四個月。
3. 伏體動作（或頭部運動）：主要訓練期四至六個月。
4. 胸、腹運動：主要訓練期五至七個月。
5. 上起運動：主要訓練期九至十二個月。

二、一歲到二歲的遊戲活動

由於會走路了，無論在室內室外，這個時期的孩子是一個好奇的探險家，他忙碌地注視著周圍，對於許多事物都感到新鮮與好奇，他不再需要依賴父母了，父母親也不用再像以前一樣，過分地保護，應該給他訓練自己獨立的機會，讓幼兒在不斷地學習中取得經驗。在遊戲方面，此期幼兒仍停留在單獨遊戲的階段，亦即以玩具為其夥伴，一面自言自語，一面遊戲（黃志成、王淑芬、陳玉玟，2008）。

前已述及，遊戲須配合發展與需要，有些遊戲更可以幫助幼兒的發展。就拿語言為例，學習說話的動機，一部分是本能的，一部分是由需要與模仿所引起的。一歲到二歲幼兒的語言能力，已漸漸由「單字句期」進入「雙字句期」和「多字句期」，因此，大人可以教導他認識一些物件的名稱，例如拿著鏡子，讓他自己照照自己，用手指著眼睛，教他說「眼睛」等等，來刺激他的語言能力。

在社交能力方面，此期的幼兒並沒有顯著的發展，他們並不熱切與人相識、合作，喜歡自己玩自己的。對於別人的參與，特別是陌生人，反而會覺得不自然。因此給他一些玩具是必要的。玩具並不一定要買市面上琳琅滿目漂亮、新奇的，砂石、積木對幼兒會更有幫助。使用積木時，由於此期幼兒手指發展尚不靈活，故以大型積木較為適合。此外，水亦是幼兒喜歡玩的東西，如果氣溫許可

的話，在戶外或浴室內給他一盆水玩，他是最樂不過了。

　　由於一至二歲的幼兒，無論在動作發展上或心理成熟上，都有不足之處，因此，在遊戲時可能會遭到一些意外，所以以下幾點，大人應隨時注意防範：

1.幼兒的座椅重心應低，亦即要以矮、穩定為原則，以免幼兒坐或爬時，容易摔倒。

2.幼兒容易吞進肚子裡的珠子、鈕扣或其他尖的東西，如鉛筆、樹枝，不要讓幼兒玩，以免發生危險。

3.廚房、餐桌等地方，有火、熱湯、熱水，不要讓幼兒靠近，以免被燙傷。

4.玻璃杯、瓷碗、刀子或危險的物品，禁止給幼兒玩，以免被割傷。

5.藥品、墨水、肥皂、鞋油、火柴等東西，應放在高處，以免幼兒拿來玩耍或食用。

6.屋子周圍有水坑、水溝、水池等危險地方，應避免幼兒接近。

三、二歲到三歲的遊戲活動

　　二歲到三歲的幼兒，由於已會說話，會走路，加上自我慾望的刺激，因此凡事都要自己動手。此外，此期的幼兒，情緒是不穩定的，也是多變的，一會兒高興得大笑，一會兒又十分沉靜；他喜歡大叫，但是遇到生人，又會怕羞地躲起來。這個時期，他常會反對大人的要求，而回答「不」，這也是幼兒反抗行為的開始。

　　雖然此期幼兒會說話了，但並不婉轉，而且字彙很少；雖然會走路了，但往往不能運動自如；雙手雖然可以拿東西，但較精細

的工作仍然無法協調。因此，無論在言語或動作上，都有必要再配合遊戲，以求更進一步的發展。

此期幼兒遊戲，大多數是一種「平行遊戲」（黃志成等，2008）方式，大家儘量在一起玩，可是僅止於各玩各的，仍屬於一個人的遊戲，無法與人共同協商或合作來進行同一種遊戲；而且對任何遊戲，都不能維持較長的時間，常常在短時間內，就會轉移目標，這種情形，在大人完全不予理會時，最為明顯。如果大人偶爾關心他，或稱讚他一下，就會維持較長的時間。

由於模仿性逐漸發達，慢慢具有想像的能力，例如他會用一根竹子當作馬，騎著竹子到處跑，口裡還說著：「馬來了！」女孩子也會學媽媽抱洋娃娃，這都是模仿配合想像的現象。

此期的幼兒，大都喜歡在沙堆玩沙，用鏟子翻沙，如此的動作會玩上三、四分鐘。陶土也是這個時期幼兒最喜愛玩弄的東西，他們會做一個小圓球，但不能做多種的變化。他對水的興趣仍是十分濃厚，喜歡用海綿浸在水裡，玩肥皂泡，喜歡用手塗抹顏料，隨意在紙張上畫畫，他並不懂所繪的是什麼，只是在滿足自己手指的活動，這是繪畫的「塗鴉期」。他也會模仿大人摺紙的動作，不過只能對摺或是摺個三角形而已。此期的幼兒也喜歡搭積木，可以把四、五個積木堆高起來。

除了室內的活動外，室外的活動也很重要，此期幼兒喜歡在草地上打滾、追跑、坐搖椅、爬攀登架、騎木馬等大肌肉的活動。

總之，二至三歲的幼兒遊戲活動，仍以發展大肌肉為主，其他如語言方面也有待加強。至於小肌肉的發展，仍嫌太早。

注意二至三歲的遊戲活動，除了上節所提到的注意事項外，應禁止其做過分消耗體力的遊戲。同時由於情緒欠穩定，專橫跋扈，故應制止其與同伴發生爭執，特別是爭奪玩具或其他攻擊行為，以免造成頑劣的個性。

四、三歲到四歲的遊戲活動

　　三至四歲的幼兒，身體發育得像個小大人了，因為他比較聽話了，言語較能表達，走路也很穩，跑、跳都沒問題，是一個很容易接受教育的時期。無論飲食或排泄，也都漸漸地不用大人操心，這是一個惹人喜歡的時候。由於睡眠時間比以前減少，無形中增加了許多遊戲時間。就心理發展而言，此期幼兒想像力已漸發達，在言語或遊戲上，常會出現「幻想」的世界。情緒的分化也日漸增多，大人必須接納他的快樂，並且儘量避免讓他產生恐懼或憤怒的情緒。

　　三至四歲的幼兒，已開始需要玩伴了，他們樂於與年齡相仿的幼兒在一起玩耍，例如扮家家酒，由於想像力和模仿力的發達，他們會扮演家人的各種角色，因此，此期的幼兒玩伴是不可缺少的，家裡如果缺少玩伴，大人就必須常常帶他去有玩伴的親友家裡玩，以發展他的社會性。

　　就語言遊戲方面，大人可以教他念些簡單的兒歌，如：

「小老鼠，上燈台，偷油吃，下不來，嘰哩咕嚕滾下來。」
「三輪車，跑得快，上面坐個老太太，要五毛，給一塊，你說
　奇怪不奇怪。」

　　同時也可以教他唱唱歌，說說笑笑，以發展他的語言能力。

　　就繪畫方面，進入前圖式期，他喜歡畫一些東西，這些東西在我們成人的眼光來看，似乎沒有什麼意義，但對他來說，一個圓圈也許是一個人或是一隻狗，大人瞭解以後，對於他的「作品」應予讚揚，並加鼓勵。

　　就肌肉發展方面，仍以大肌肉為主，但此期小肌肉也漸發展了，他喜歡騎車子，運動筋骨，也喜歡翻箱倒櫃，整天忙個不停；更喜歡學大人開車子，同時，小汽車、小火車、飛機等也把玩不厭。由於模仿力的關係，即使大人的東西，如電話機，他也喜歡玩玩。

　　三至四歲的孩子與以前生活方式最大不同的地方，就是上幼稚園或托兒所，不管父母家庭有無時間帶孩子，給幼兒上幼稚園或托兒所有其必要性。在那裡可以跟更多的同年齡幼兒在一起玩，進一步發展社會性，幼兒在園所裡，可以學唱歌、舞蹈或其他遊戲，對於幼兒身心發展有很大的幫助。但蕭夙婷（2009）研究卻發現，幼托園所的幼兒每天進行之活動以「坐式生活」居多，占了95％以上，課後時間幼兒有參與運動遊戲活動的人數比例偏低。幼兒需要遊戲，需要活動，所以選擇幼稚園，就要注意園舍是否寬敞，設備是否充足，是否重視幼兒的遊戲活動。

　　對於三至四歲幼兒遊戲該注意的事項，就是要觀察幼兒與同伴間的關係是否進行得很好，並且避免鬥毆、說謊、說髒話等不良習慣的養成。父母親必須隨時與幼稚園托兒所老師取得聯繫，以瞭解幼兒發展的情形。

五、四歲到五歲的遊戲活動

　　四歲到五歲的幼兒非常活潑，身體機能活動已發展到很靈活的階段，語言、智力的發展，已十足的使他能在日常生活中應付自如。身體大肌肉、小肌肉均已發展到某一階段，對於筋骨活動的遊戲特別喜歡。在人際關係的進展方面，相信他在過去的時刻中，所經歷到的和諧和挫折，也更能瞭解如何與人相處，以及如何與某一個人相處，更瞭解到如何去獲得人家的讚賞。因此，通常四歲到五歲的幼兒，已比較具體的成為一個「人」了。

　　根據以上簡單的介紹此期的幼兒身心發展之後，以下就此期的幼兒遊戲，再做一描述：

　　就語言方面，四歲至五歲的幼兒已能自由自在的用語言來表達自己的心意了，他能夠說得清楚，而且可以做到詞能達意的地步，但由於本身的閱歷有限，日常會話仍很單純。所以對於此期幼兒提供的語言，除了前面所提到的兒歌、童謠和日常會話以外，應常給幼兒說故事，也鼓勵幼兒複述故事，智力高、想像力豐富的幼兒還可以自己編故事，成人應予鼓勵。同時也可以教教幼兒朗讀詩歌，並注意發音是否正確。對幼兒每天在幼稚園或其他地方所發生的事，父母應鼓勵他說，並耐心的聆聽。

　　就繪畫方面，四歲的幼兒進入圖式期，很少塗鴉式的亂畫了，他們畫出來的作品，愈來愈像樣了，這時期所畫的圖案與實體相仿，而且也具有一定的畫法（黃志成等，2008）。至於五歲的幼兒所畫的東西，可以清楚的認出他畫的是什麼了。幼兒繪畫表徵能力的發展在繪畫內容上會從無重點到有重點、從只畫出自我到畫出周遭環境的其他人物、從具體表徵到抽象表徵、從單一事件到連續事件的記錄；在繪畫技巧上，人物表現從粗糙到細膩；空間配置從

零散到逐漸有組織，甚至出現從平面到立體的描繪；顏色表現則從隨意到與真實物體顏色產生關聯，甚至刻意以顏色作為區辨事物的功能（呂依蓁，2008）。故此期的幼兒是發展繪畫才能的關鍵期，父母應充分供給材料及機會，對於幼兒的作品應多鼓勵，並可在他臥室裡張貼他的作品，如家裡來客人，也可予以介紹一番，以刺激他的興趣。

就動作方面，此期幼兒大小肌肉的發育同時進展，因此，他們對許多活動的遊戲特別愛好，在室內方面，如搭空心大積木、搬桌椅、騎車子、玩泥沙、捏陶土都感興趣。住公寓的幼兒活動場所較小，父母可為他們訂做室內滑梯、搖椅、籃球架等玩具，以幫助他們發展身心。由於模仿力的關係，他們喜歡做些大人的事情，尤其敲敲打打更是他們喜歡的事，父母可以為他們買些木工玩具讓他們玩玩，並須注意用後要收拾整齊。為了促進小肌肉的發展，一些較精巧的遊戲，也可以鼓勵他們玩，如穿珠子、穿鈕扣、捏黏土、小積木等，以促進手指的靈活，和手眼的協調。至於室外方面的遊戲更多了，如跑、跳、滾等遊戲或其他器械器材也都是他們喜歡的。

對於此期幼兒的遊戲，除了以上所提到的有關室內、室外的活動外，為了增進知識、見聞和身心活動，應常利用閒暇時，帶幼兒郊遊、參觀、旅行，以欣賞山川之美，文化之勝，相信對幼兒會有很大的裨益。

六、五歲到六歲的遊戲活動

Gabriel與Elaine（2009）進行四十八位五‧五歲幼兒與母親的研究發現，幼兒已能進行假裝遊戲，並且發揮他們豐富的想像力和延伸敘述故事的技巧，幼兒發揮想像的同伴，並且和虛擬同伴進行對話。五至六歲的幼兒無論在心理（包括智力、情緒、興趣等）或

生理（包括肌肉、動作、骨骼等）上的發展，都到了一個小階段，因此，許多心理學家往往在這個時期結束之後，予以一個分段，有的認為是幼兒期的結束，兒童期的開始；有的認為是兒童前期與兒童後期的分點。學前的幼稚教育在此期結束，小學義務教育在此時開始。總之，這個時期對整個人生，也算是一個小小的不平凡時期，幼兒的遊戲活動，除了繼承以前的進展外，更應該注意「獨立性」的培養，使他儘量的去學做一個「人」。在幼兒期結束後，若已完成幼兒期的一切發展任務，對新的兒童期將有很好的「交代」。此期幼兒的語言遊戲更多，包括讀、說、唱等各種活動，並可藉著語言，做些猜謎遊戲、語文遊戲、益智遊戲、數學遊戲等等。

　　育樂方面的遊戲尤為重要，舉凡音樂、舞蹈、繪畫、唱歌、電影、電視等均包括，父母除了給予遊戲的機會外，還要注意是否有益身心發展。就如看電視而言，對節目要選擇，以我國的電視分級制而言，學齡前幼兒只能看普遍級的節目（黃志成，2005），此外，對看電視的時間要控制得宜，每次看電視的時間不宜超過三十

分鐘，以免傷害幼兒的眼睛，並且不要占用其他遊戲的時間，以促進幼兒身心的平衡發展。在動作發展上，除了前面所提的繼續大肌肉的發展外，更應重視小肌肉的發展，所以在選擇此期幼兒玩具時，必須注意此點。

以上簡單的描述此期幼兒的遊戲活動。下面則綜合以上各節，以及此節所談到的「獨立性」的培養，為此期（含整個幼兒期）幼兒的發展任務應注意之事項做一描述：

1. **感覺力**：包括聽覺、視覺、嗅覺、味覺、溫覺的觀察力，此期幼兒必須具備感覺力的基本判斷能力。
2. **動作能力**：對於一般的走、跑、跳、滾等能力必須靈活，同時對於日常生活中的穿衣、用筷、盛飯、用筆、如廁等能力必須具備。
3. **語言能力**：對於日常會話均能應用，發音正確、咬字清楚、無口吃現象。
4. **社會適應力**：能與人和睦相處，合作無間，並能瞭解家人個性。無孤僻、適應不良、攻擊等不良行為。
5. **判斷能力**：對於簡單的是非觀念、道德標準，乃至日常生活的食物、天氣涼穿衣，能自行判斷。

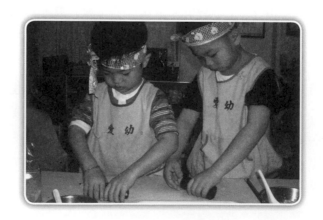

綜合以上五點，吾人可知，一個六歲的幼兒，必須儘量獨立，減少父母的保護，父母也不應過分保護，以免影響幼兒的發展。如幼兒在這些發展上，有某些問題，就應從遊戲活動中加強，例如六歲的幼兒有口吃的現象，就要加強語言遊戲。如果發展與一般的常態相差很多，就要請教有關的醫師或心理專家指導。但父母必須要重視「個別差異」的問題，每一個幼兒都有發展上的不同，有些可能超前，有些可能稍緩，這是很正常的現象，父母不需要太著急。同時，父母也切勿急於要孩子長大，揠苗助長，有害無益。

參考文獻

一、中文部分

王瑞賢、張盈堃、王慧蘭譯（2009）。《童年與社會——兒童社會學導論》。台北市：心理。

呂依蓁（2008）。《角落情境下幼兒繪畫表徵能力發展之個案研究》。台北市立教育大學兒童發展研究所碩士論文。

黃志成（2005）。〈道德發展〉。載於郭靜晃、黃志成、黃惠如編著之《兒童發展與保育》（二版）。台北縣：國立空中大學。

黃志成、王淑芬、陳玉玟（2008）。《幼兒發展》。台北市：揚智。

曾錦煌譯（1982）。《兒童遊戲與遊戲場》。台北市：茂榮。

蕭夙婷（2009）。《運動遊戲課程對提升幼兒注意力之研究——以台南市某公立幼稚園大班幼兒為例》。私立台南科技大學生活應用科學研究所碩士論文。

二、英文部分

Dansky, J. L. & Silverman, I. W. (1975). Effects of play on associative fluency in preschool-aged children. *Developmental Psychology*, 9, 38-43.

Gabriel, T. & Elaine, R. (2009). A good story: Children with imaginary companions create richer arratives. *Child Development*, 80(4), 1301-1313.

Gallahue, D. L. & Ozmun, J. C. (1998). *Understanding Motor Development: Infants, Children, Adolescents, Adults* (4th ed). New York: McGraw-Hill.

Hutt, C. & Bhavanani, R. (1976). Predictions from play. In J. S. Bruner, A. Jolly, & K. Sylva(eds.), *Play*. New York: Penguin.

Parten, M. B. (1932). Social participation among preschool children. *Journal of Abnormal and Social Psychology*, 27, 243-269.

Piaget, J. (1962). *Play, Dreams and Imitation on Childhood*. New York:

Norton.

Rogers, C. S. & Sawyeers, J. K. (1997). Play: In the life of young. In S. Jacques & M. Rouard, *Children's Play Space-From Sandbox to Advanture Playground*. Woodstock, N. Y.: The Overlook Press.

Singer, D. G. & Rummo, J. (1973). Ideational creativity and behavioral style in kindergarten aged children. *Developmental Psychology*, 8, 154-161.

Smilansky, S. (1968). *The Effects of Sociodramatic Play Disad-vantaged Preschool Children*. New York: John.

Vygotsky, L. S. (1978). *Mind in Society: The Development of Higher Mental Processes*. Cambridge, MA: Harvard University Press.

幼兒遊戲的玩物

▶ 玩物的意義、種類及安全

▶ 幼兒遊戲與玩具

第一節　玩物的意義、種類及安全

一、玩物的意義

　　玩物或稱玩具（plaything、play material、toy），因玩物的形式眾多且受地方風俗及文化的影響，玩物的定義也有所不同。Zimmerman和Galovini（1971）主張玩物是一種學習的工具，經由玩物的操作與使用，能刺激與發現外在世界與環境的相對關係。玩具代表著各個時代「童年」的生活型態與地方文化，且玩具的演變歷程也未曾從人類的歷史上消失，這代表著玩具仍然具有某些人們所需要的特質（黃碧萱，2009）。玩具與幼兒的行為發展呈現雙向關係，因玩具造成幼兒不同的遊戲行為及遊戲內容，是會間接影響幼兒發展的；不僅如此，玩具也提供幼兒學習的機會而直接影響其發展（王萬智，2009）。幼兒在遊戲過程中學習及成長，藉由與玩具之間的互動，幫助幼兒在各方面有正面及積極的發展，因此玩具在幼兒成長過程中扮演著極為重要的角色（羅曉鈞，2007）。賀慧玲（1990）則綜合歸納玩具定義如下：廣義的玩具是指幼兒遊戲所使用的物體，狹義的玩具則指市面販售的精巧遊戲商品。

二、玩物的種類

　　以幼兒玩具的類別來說，國內外皆有學者曾將玩具分類，有的以幼兒年齡做分類，有的以幼兒發展領域來劃分，有的是以玩具本身的功能與目的做分類，有的則以遊戲類型或玩具材質來分類。

以下介紹國內外研究者對於玩具的分類：

(一)依幼兒的年齡為標準來做區分

　　以年齡為標準來區分玩物是非常普遍的分類方法，可由嬰兒玩具到小學生玩具等做階段性的區分，區分範圍無一定標準。**表5-1**即以幼兒各年齡發展階段來歸納玩物的種類。

表5-1　幼兒各年齡發展階段之玩物種類分析表

嬰兒期（0～1歲）		
幼兒發展階段	身心特質	配合增進發展的玩物
發現期 （1～3個月）	嬰兒大部分的時間都用來睡眠。喜歡看會移動的東西，注意尋找分辨聲音的來源，能觸摸、吸吮。	＊父母是最適合的玩物。 ＊造型簡單、色彩鮮豔、能發出聲音的玩物、鏡子。
好奇期 （3～6個月）	能移動身體、翻身、玩弄自己的手、腳、透過抓、握、聽、看的方式表現出對環境的好奇心。	填充玩具、布偶、抓握玩具、音樂、畫冊等。
探索期 （6～12個月）	開始學說話，聽懂簡單的句子和指示。學站和坐，喜歡爬行、觸摸，也喜歡拿和丟的動作。	除上述玩物外，增加可簡單操作、造型簡單同時能發出聲音的推拉玩具、球等。
幼兒期（1～6歲）		
1～2歲期	幼兒已可到處走動，早期的思考力已漸形成。大小肌肉、語言能力都在增強中。	推拉玩具、騎乘玩具、球、積木、玩偶、音樂、玩水玩具等。
2～4歲期	喜歡發問，喜歡用大人的東西來玩，喜歡有玩伴和模仿遊戲，喜歡大肌肉方面的運動。	三輪車、球、空紙箱、簡單配對玩物、積木、拼圖、玩沙、水和家家酒的玩物。
4～6歲期	喜歡合作式玩法，更能與他人協調。人生基本動作大致完成。	上個時期的玩物仍很適合，童話故事書、美勞用品、打擊樂器、音樂、舞蹈。

資料來源：阮慧貞（2003）。

表5-2　玩物設備與發展領域的關係

發展領域	材料和設備
身體發展	攀登架、帶輪玩具、積木、輪胎、球、鈕扣框架、梯子、穿鞋帶玩具、穿珠玩具、形狀卡、平衡木、剪刀、拼圖、木工工具、玩沙工具、能讓幼兒發展大肌肉或小肌肉的任何其他設備或材料。
社會發展	有關幼兒經驗的材料，如：郵局或雜貨店的道具、扮家家酒材料和能讓兩個或更多幼兒一起工作的活動或經驗。
智能發展	動物、植物、操作的材料、沙、水、木塊、積木、天平、配對遊戲、積木附件、圖書、錄音帶、圖畫、拼圖、能讓幼兒思考和運作的其他材料。
創造力發展	各種顏料、各種不同大小、形狀和質料的紙、黏土、豆子、米、漿糊、布、線、編織框架、刀片、剪刀、積木、服裝、吸管、木塊和幼兒能用來表達他們世界的任何材料。
語言表達	圖書、錄音帶、語言經驗的材料、圖表、故事、手指遊戲、幼兒自製書、扮演的服裝、社會情境與其他幼兒和大人互動的機會。
情緒發展	能讓幼兒獲得成功經驗的任何材料、給予幼兒挑戰但不使其挫敗、讓幼兒獲得成就感。

資料來源：黃瑞琴（1992）。

(二)以幼兒發展領域分類

幼兒各個發展領域可能包含的遊戲材料和設備，參見**表5-2**。

(三)國內外學者對玩具的分類

1.國外學者對於玩具的分類方式參見**表5-3**。

表5-3　國外學者對於玩具的分類表

分類者（年代）	玩具類別
Hewitt & Roomet（1979）引自Van Hoorn, Nourotm, Scales, & Alward（1993）	1.感覺動作玩具（sensorimotor toys）：提供幼兒反覆玩弄或產生某種效果的玩具，如球、沙鈴等。 2.表徵玩具（representational toys）：狀似生活中事物的玩具，如玩具動物、玩具車、玩具房子、玩具家具、玩具廚具、玩偶等。

（續）表5-3　國外學者對於玩具的分類表

分類者（年代）	玩具類別
	3.建構玩具（construction toys）：可以被操作並用以創造新物品的玩具，如積木、樂高等。 4.騎乘玩具（locomotion toys）：可騎乘的玩具，如三輪車、腳踏車、玩具機車、滑板等。
Wolfgang & Stakenas（1985）；引自Frost（1992）	1.流體建構玩具（fluid construction）：具有流體特徵的玩具，如顏料與黏土。 2.結構建構玩具（structured construction）：被用來製造某種東西時形狀保持不變的玩具，如積木、拼圖。 3.微視表徵性玩具（microsymbolic）：小型實物性玩具，如小汽車、玩偶。 4.鉅視表徵性玩具（macrosymbolic）：包括如幼兒形體大小的遊戲器材，可用來進行戲劇性遊戲的道具。
Johnson, Christie, & Yawkey (1987)	1.教學玩物（instructional materials）：以培養讀、寫、算技巧及視覺、知覺分辨能力為目的，如拼圖、堆疊玩具、串線玩具、圖形玩物。 2.建構玩物（constructional materials）：用來建造出產品的，如樂高、積木。 3.玩具（toys）：真實或幻想的縮小複製品，如交通工具、扮家家酒的玩具等。 4.真實玩物（real objects）：天然物品或日常生活用品，原本不是為遊戲而製造，如沙、水、黏土、木頭等。
Martha（1995）；引自羅文喬、馬惠芬譯（2003）	以遊戲素材分類 1.社會性和幻想性的：可用在戲劇或扮演遊戲的物品，如娃娃、布偶等。 2.探索和操控性的：主要的遊戲方式在探索、經驗、目標導向的控制權，包含建構素材、拼圖、穿衣、串珠等。 3.音樂及藝術的：幫助發展各類的藝術表達能力，如藝術及工藝教材、樂器、視聽素材等。 4.大肌肉活動的：促進大肌肉發展及技巧，如推拉及騎乘玩具等。

2.國內研究者將玩具分類請參見**表5-4**。

表5-4 國內研究者玩具分類表

分類者（年代）	玩具類別
賀慧玲（1990）	1.象徵遊戲玩具：依照Erikson 的概念區分為兩種形式，一為微觀（micro），二為鉅觀（macro）。前者是幼兒以手握持的縮小模型玩具，如小汽車、小人偶等；後者是幼兒合適尺寸的玩具，如娃娃、家家酒等玩具，能進行社會戲劇遊戲及角色扮演。 2.流體性建構遊戲玩具：具高度流動的特質，很容易被改變形狀，如水彩畫、黏土塑造。 3.結構性建構遊戲玩具：能維持其結構與形狀，並有明顯象徵思考呈現的玩具，如積木、樂高與拼圖。 4.感覺動作遊戲玩具，或稱練習遊戲：特徵在於重複的操練及多變化的大肌肉動作行為，如幼兒重複跳躍、溜滑梯、攀爬等活動。 5.文字與數字玩具：此類為了教導幼兒認字及讀、寫、算之預備。
吳幸玲（2003）	1.教育性玩物（educational materials）：主要功能在於教導孩子特殊技巧與觀念，如Froebel或Montessori的教具等。 2.真實玩物（real materials）：原對成人是有實際用途，卻被孩子拿來玩的，如沙、水、土等。 3.建構性玩物（constructional materials）：可以組合成不同東西的，如積木等。 4.模擬玩具（toys）：是真實物品的縮小版，如房子、車子、動物等。
陳淑敏（2005）	1.動作遊戲玩物：增進幼兒大肌肉動作技巧，如騎乘玩具、球類等。 2.操作與建構玩物：增進幼兒小肌肉的動作技巧、手眼協調或認知能力，包括積木、科學玩物、沙、水、用具等。 3.象徵遊戲玩物：激發幼兒運用想像力，包括玩偶、填充玩具、角色扮演的玩物、玩具交通工具等。 4.規則遊戲玩物：增進幼兒的認知與社會能力，例如棋類。 5.音樂、美勞用品：增進幼兒的創造力及對美的欣賞力。 6.圖書、視聽用品：增進幼兒的語文能力。
楊琳（2005）	1.依材質區分 (1)紙質：以硬紙板等紙類製作的，如紙拼圖、紙娃娃、撲克牌等。 (2)塑膠：塑膠的合成聚合體，如手搖鈴、機器人、水槍等。 (3)樹脂：以氯化塑膠、樹脂、聚乙烯製成的，如氣球、面具等。 (4)木質：以木頭製成的，如積木、陀螺、木偶等。 (5)竹製：以竹材製成的，如響板、竹蜻蜓、蟬鳴器等。 (6)金屬：以鋁合金及鑄鐵材料製成的，如模型玩具、音感鐘等。 (7)玻璃：以玻璃纖維製作的，如彈珠、鏡子、玻璃玩偶等。

（續）表5-4　國內研究者玩具分類表

分類者（年代）	玩具類別
	(8)土質：以陶土等捏塑素材製成的，如陶土或紙黏土捏塑等。 (9)布質：以布類製成，多半有填充內容物的，如布書、布娃娃等。 (10)瓷器：以瓷土製成的，如瓷器玩偶、小型餐具等。 2.依功能區分： (1)體能：帶動或促進身體大小肌肉活動量與靈活性，如球、滾筒等。 (2)益智（數學）：在既定的材料或遊戲規則中，運用創造力或想像力，做操作技巧上的變化，以呈現出多元的組合與玩法，如拼圖、七巧板、撲克牌等。 (3)社會（情意）：增進情感表達或瞭解學習人際互動的，如玩偶、娃娃家等。 (4)感官：用來刺激感官敏銳度的，如音感鐘、視聽材料、樂器等。 (5)健康、安全：用來瞭解身體保健之道與日常安全。 (6)自然科學：利用科學原理與方法製作，或增進對生物與環境的認知。 (7)語文：以文字或圖片呈現，可講述故事或就圖案內容做概念性解說的，如各類書籍及繪本等。

三、玩具的選擇與遊戲安全

(一)玩具

　　什麼是玩具呢？簡單的說，凡是被利用為遊戲對象的物體，皆可稱為玩具，因此，自泥沙到遙控飛機、積木、滑板、陀螺、運動器械、樂器、自然物等都可算是玩具。本節所要討論的玩具是狹義的，狹義的玩具通常指市面上所出售的飛機、汽車模型、洋娃娃、搖鈴等。因為玩具美觀、變化多端、種類繁多，所以一直為幼兒所深愛，而且百玩不厭，幼兒在入小學以前，不論其所接受者為園所的幼兒教育或家庭教育，均應以玩具為教具。

(二)玩具的選擇

　　幼兒玩具既然對於幼兒有如此大之貢獻，故吾人必須注意給幼兒選擇適合的玩具，以達到教育的功效。替幼兒選購玩具的原則如下（黃志成、王淑芬、陳玉玟，2008）：

1.應配合身心發展：幼兒身心發展大體與年齡有關，選擇幼兒玩具可按年齡區分。一歲以前的嬰兒玩具以能刺激感官和四肢運動者為佳，如搖鈴、皮球。二歲幼兒玩具以發展身體大肌肉運動為主，如小推車。二至四歲幼兒的玩具除了有助於筋骨發展的玩具外，且要能增加啟發想像力、創造力者，如七巧板。五、六歲的幼兒玩具，需要發展大小肌肉和啟發想像力、創造力及增加知識、培養社會性的玩具，如圖書館的故事書、敲擊樂器等。

2.要經久耐用，構造簡單：幼兒由於好奇心，喜歡拆散玩具，而且幼兒大小肌肉發育尚未成熟，對動作的控制力不夠，常會摔壞玩具，所以如果構造不堅固，極易損壞；若構造複雜，則不易保養。

3.注意玩具大小及形狀：嬰兒期玩具不宜太小，以免吞進肚子裡，如彈珠；不宜太大而致抓取不易。避免尖銳或凸出多角的玩具，以免刺傷幼兒。

4.應注意玩具的材料：便於清洗者以橡皮、塑膠或木製品為佳。避免玻璃製品，以免破裂，傷及幼兒。避免有毒素之塗料，如銅或易脫落之漆，市面上賣的許多玩具，雖然顏色塗得很漂亮，但是有易脫落者，含毒素者，如鉛，均不合衛生要求。

5.應注意色彩與聲音：玩具的色彩以調和與自然者為佳，聲音應求悅耳而不致發出雜音，其結構線條都要成比例，以培養幼兒的審美觀。

6.**應能配合現實生活**：幼兒玩具應配合季節和現實生活，如春夏季節則宜選購適合室外活動者，冬季以室內玩具為宜，至於不合時宜與不合現實生活玩具，不但幼兒不發生興趣，且對幼兒教育不發生功效，對幼兒並無益處。

7.**應適合幼兒興趣**：男孩喜歡玩飛機、槍等具有機械性的玩具；女孩喜歡玩洋娃娃、家庭用具等玩具，所以選購時，亦要顧及幼兒個人的興趣。

8.**應選擇經濟的及國貨**：幼兒的玩具有許多是不須花錢的，如香皂盒子、牙膏盒子、養樂多空瓶、塑膠杯子等等，均可作為玩具。愛用國貨可以刺激本國玩具業的發展，此外，本國人所製的玩具，較適合本國人用。

(三)玩具使用的安全性

　　洪雅雯（2008）研究發現，多數的受訪者不瞭解「ST安全玩具」與一般玩具之差異，雖然對大部分玩具安全的概念是認同的，但只有少部分真正落實於行為上，且有高達九成的受訪者曾在夜市或路邊攤購買玩具給幼兒，有四成的幼兒曾有玩玩具受傷的經驗，

超過半數的傷害發生在成人不注意的情況下。為了避免幼兒因玩玩具而發生意外傷害，除了注意玩具本身的安全性外，還要注意玩具的使用是否恰當，以下提供幾個原則供參考（消費者文教基金會，1993；黃志成等，2008；Johnson, Christie, & Yawkey, 1987）：

1. 使用玩具之前必須詳閱包裝上的標籤和說明，並讓幼兒瞭解這些訊息。
2. 小心處理拆掉的包裝袋，以免傷害到幼兒。
3. 觀察幼兒玩遊戲，以瞭解幼兒是否以適當的方法使用玩具。
4. 玩具應收拾妥當，以免幼兒被散落地上的玩具絆倒。給年齡較大的幼兒玩的玩具應收拾在年齡較小者拿不到的地方。
5. 玩具應經常維修並保持清潔。
6. 有輪子的玩具應避免在濕滑的地板上、桌角旁或近樓梯處玩。
7. 啃咬性玩具應經常保持清潔衛生。
8. 在水中玩的吹氣玩具應檢查是否會漏氣。
9. 玩具的材質若屬於易燃的材質（如泡棉、塑膠、充了氫氣的氣球等），應遠離熱源和嚴禁煙火。
10. 選購玩具時，要留意是否有標示「ST」安全玩具標誌（圖5-1）。

圖5-1　ST 玩具標幟

標章說明：經財團法人台灣玩具研發中心玩具安全鑑定委員會鑑定通過之安全玩具標章。

註：ST即 Safe Toy玩具標章。

第二節　幼兒遊戲與玩具

　　幼兒遊戲可以說不具時間性、空間性、玩具性，任何時間、地點、玩具都可以玩。但遊戲時，有些時間比較適合，有些時間卻比較不適合，如用餐時不要玩；有些地方比較適合幼兒遊戲，有些地方卻比較不適合，如不要在餐廳玩；同理，有些玩具比較適合幼兒玩，如洋娃娃；有些玩具卻比較不適合，如有銳邊尖角的玩具。當然，有些玩具幼兒比較喜歡，如小車子；有些卻比較不喜歡，如複雜的電動玩具。以下選擇一些幼兒比較喜歡且又有教育價值的玩具，分別介紹於後。

一、沙

　　幼兒喜歡玩沙，這是不可否認的事實。常常看到幾個幼兒蹲在地上就抓起沙來了，許多大人看了就罵「好髒喔！」其實這是錯誤的，幼兒喜歡玩沙不是沒道理，沙對幼兒最大的吸引力就是可以滿足幼兒操作的動機，因為沙的可塑性很高（尤其是濕的），幼兒高興做什麼就可以做什麼，在觀察幼兒玩沙時，可以看到他們做了一個池子，一座山，山上還有山洞，還有房子、樹木，只要他們想像得到的，他們就可以做出來，如此又可滿足他們的想像力。沙有粗有細，有濕有乾，幼兒以手摸來摸去，如此又可訓練觸覺。幼兒在操作中，不管身體的哪一部位，都要活動，尤其是手指，更是訓練動作、發展大小肌肉的好機會。幼兒手動眼看，一舉一動，促成大腦的思考，眼睛的修正，可以訓練手眼協調。幼兒三五成群的玩沙，大家討論、合作，共同遊戲，也可以訓練社會性的發展，可見

沙對幼兒的價值是多麼大啊！

目前都市小孩要玩沙實在是難，尤其住在公寓、大廈樓上的幼兒，不要說玩沙，要踩到泥地都很難了，但是大人不可剝奪幼兒玩沙的機會，可以想辦法去拿些沙回家，沙可以到附近蓋房子的工地要些，或是到有沙的地方裝一些回家，然而最清潔的沙是過濾水塔內的沙，這些沙要拿到不易。有機會到海邊沙灘帶回些沙，用清水洗一洗，也算是清潔的沙。此外，溪邊的沙也容易取得。由於沙很容易流失，所以家裡最好買一個木箱或塑膠箱裝沙，是為沙箱，沙箱的好處是可以隨著遊戲的地點搬動，但假如太多就沒辦法搬了。此外，沙亦可放在地板上，成人可以劃出屋內的一個角落放沙，幼兒玩沙就到那個角落去，遊戲後用掃把掃回集中，但濕的沙很容易浸蝕地板，為了保護地板，可以先鋪一層塑膠布在地板上，再放沙。

幼兒如果單單玩沙，有時會覺得太單調，因此，成人必須為他買些小小的玩具，如小鍬、小鏟、小桶、湯匙、塑膠碗等，家裡不用的盒子、罐子、袋子給幼兒玩沙是最適合不過了，既不必花錢去買，幼兒又喜歡。幼兒利用這些用具，一方面可以增加遊戲的內容，另一方面可以訓練動作能力、創造力。此外，有些幼兒還會把他的小汽車、飛機、洋娃娃等玩具放在沙上玩，從教育的觀點來說，這是很好的現象，但這些玩具常會帶些沙離開沙堆，可能被帶到椅子上、桌子上，甚至床上，這就不太好了，大人可隨玩具帶沙的程度而決定是否讓幼兒將玩具與沙混著玩。當然除了這些沙外，可以在沙裡擺一兩塊磚頭、小石頭點綴點綴，但磚頭太粗糙，如果用瓷磚代替就更好了，幼兒摸起來也舒服。

幼兒做任何遊戲，都不可能太持久，因幼兒的專注性、持續性不大。當幼兒結束玩沙遊戲以後，一定要令其把沙掃回原位，如是沙箱，拉回原位。所有使用過的小鏟、小鍬要用布擦拭乾淨，玩

具要把沙抖掉。自己的衣服拍一拍，然後洗洗手，從小就要養成他愛清潔、守秩序的習慣。

二、積木

　　幾乎每一個幼兒都喜歡玩弄些東西，尤其有些東西在他面前，他一定要把它排一排、疊一疊，成人們為幼兒設計的積木，就是為了滿足幼兒這種心理。有關積木，在第三章談到Froebel恩物時已大略提到，本節重新提起，一方面是為了強調它對幼兒的重要性，另一方面是把各種積木再做一番介紹。

(一)積木對幼兒發展的影響

　　談到積木對幼兒的價值實在太多了，幼兒在排積木時，技能要熟練，注意力要夠，才會排得好、排得高，所以積木可以訓練幼兒的技能，尤其是精細動作，注意力集中。在排積木時，動作必須協調、平衡，否則容易倒塌，所以積木可訓練幼兒動作的協調和平衡。幼兒拿到積木，走來走去，排高了推倒，推倒了又排，可以促進大小肌肉的發育。幼兒也可以任意排列，將情感注入行動；心情煩躁時，常常會把堆好的成品推倒，是一種情緒的發洩。幼兒生活即遊戲，藉由玩積木，可以讓心情愉悅，有助於優美情操的培養（黃志成、林貞谷、張培英，2007）。因此，積木可以疏導幼兒的情緒。幼兒利用積木排房子，搭高塔，也可以訓練他們的想像力和創造力。成人有時也可以與幼兒共同搭積木，排出各種花樣讓幼兒看，刺激他的想像力、創造力。成人支持鼓勵與適當介入，能有效提升幼童的建構行為（楊秀惠，2008）。如果數個幼兒一起玩，更可以指導他們合作無間，發展社會性。父母如能常常陪幼兒

玩積木，有助於親子關係的培養，尤其三歲以下的幼兒，基於動作發展不是很熟練、思考能力不是很發達、對於同齡玩伴還不是很感興趣時，父母親的陪伴是必要的（黃志成等，2007）。Hong、Hwang、Liang與Chang（2008）更建議，可運用退休的老人人力資源，創造老人社會價值，讓老人陪伴幼兒玩玩具。如果幼兒結束了這項活動，也需要要求他收拾好歸回原位，養成他守秩序愛整潔的習慣。

(二)積木的種類

積木的種類很多，依材料分，目前最多的是塑膠積木和木製積木。塑膠積木的優點是顏色鮮豔，容易清洗，很能吸引幼兒，種類很多，可惜大都是形狀完全一樣，套來套去，缺少變化，幼兒一方面雖可發展他的創造力，另一方面也會使他的個性傾向於這種單調無變化的特徵。在木製積木方面，顏色上不及塑膠玩具好，但積木的形狀很多，幼兒排積木時，不但可以任意挑，也可以任意擺，完全符合幼兒心理。大型積木適合較小的幼兒搬動，因為這樣可以訓練大肌肉和粗大動作的發展。積木的形狀是任何物體的基本形狀，幼兒從這些形狀中，可以排出各種東西。市面上常常賣些只能排出一種圖形的玩具（如拼圖），這種玩具會將幼兒塑造成缺少變化的個性，所以並不太適合幼兒玩，幼兒對這種積木也不太會提起興趣來。幼兒排積木時，常常會破除木塊或塑膠形狀的界線，去塑造出他心目中所要的東西，這是他想像世界的成品，成人並不需要去干涉，因為大人的想法畢竟與幼兒不一樣。成人除了鼓勵他以外，應任幼兒去發展他的想像力和創造力。此外，在積木中加些必要的附屬玩具也是必需的，例如幼兒用積木搭出一條公路、拱門，如果再添一輛小汽車那就更好了。如幼兒搭出一個家的模型，有桌有椅還有床，再添給他一個娃娃就更充實了。

圖5-2　木頭與塑膠積木

三、水

　　幼兒常常會開水龍頭玩水，鄉村的幼兒常常在河邊玩水，然而無論幼兒以何種方式玩水，大人幾乎一律禁止、斥責，因為玩水輕則弄濕衣服、感冒，重則喪生，幼兒喜歡玩水是天性，誰也無法禁止，若是強行禁止，只會增加他的挫折感。因此，大人如果能找個合適的時間，找個合適的地點，拿些水讓幼兒玩玩，那是最好的。幼兒玩水，可以在室溫許可之下，利用洗澡前，在大臉盆或浴缸裡，放些水，讓幼兒玩個痛快，因為這時不怕幼兒會弄濕衣服。有些幼兒不喜歡洗澡，這都是大人在為幼兒洗澡時，不顧幼兒喜歡玩水的天性，又怕著涼，快速的這裡洗洗，那裡擦擦，如此易捏痛幼兒；假如洗澡時，能在玩水遊戲中進行，幼兒一定喜歡洗澡。例如幼兒不喜歡洗臉，若先做個捉迷藏的遊戲，則幼兒一定會喜歡的，遊戲進行時，就用毛巾遮住他的臉，如此便可達到洗臉的目的。

幼兒玩水有許多方面的價值，例如可以訓練幼兒操作能力，因為幼兒玩水固然是徒手的，但也常常用些玩具，諸如小水桶、勺子、湯匙等，將水舀來舀去，倒過來又倒過去，這些過程，都可訓練操作能力。此外，幼兒在水中，可以說無拘無束，拍水玩水，盡情玩樂，可以宣洩感情，如此可以使情緒鬆弛，對幼兒情緒發展也有幫助。水也可以促進幼兒感官經驗，因為身體浸在水中，手不斷的在水中玩，皮膚所接觸的，將異於其他感覺。

幼兒喜歡玩水，水對幼兒有以上所提的價值，所以成人絕對不可剝奪幼兒玩水的機會，相反的，應該充分的給幼兒玩水，以利幼兒發展，成人教導幼兒玩水的建議如下：

1. 為幼兒準備一桶清水，一把大刷子，使幼兒在不會被刷子或水損壞的地方沾水刷，例如沾水在庭院刷、沾水在浴室地面刷。
2. 在小瓶子裡裝些肥皂水，肥皂水可加些顏料，給幼兒（四歲以上）一支吸管，令幼兒吹氣泡，但須避免吸入嘴巴。
3. 令幼兒替娃娃洗澡。
4. 給幼兒一些可在水裡玩的玩具。
5. 在幼兒遊戲的娃娃家做些有關水的遊戲，如洗碗。
6. 在夏天裡，給幼兒在海邊的沙灘上跑。
7. 在夏天裡，給幼兒穿上游泳衣玩水。
8. 在夏天裡，讓幼兒在小水池子裡玩水。
9. 鼓勵幼兒幫忙澆花、澆樹或是給寵物餵水。
10. 告訴幼兒一些水的特性、蒸發等等。
11. 讓幼兒替娃娃洗衣服。
12. 說些包括雨、雷、冰的天氣狀況給幼兒聽。
13. 令幼兒以海綿和水清洗東西。

圖5-3 玩水與澆花

　　由以上的建議，可見幼兒是多麼的需要水，而且可從日常生活中，多方面的給幼兒玩水，相信幼兒一定會有一個快樂的童年。

四、器械

　　器械玩具是指用木材、大鐵棒所做成，供人攀爬、懸垂的玩具，例如滑梯、鞦韆等是，這些器械也很受幼兒歡迎，可惜往往因限於場地、經費，一般家庭缺乏此種設備，許多幼兒只有看人家玩的份，這是器械玩具的一個大缺點。

　　器械玩具最主要的功能是用以伸展胸背及脊柱，強化上肢及胸背腹腰部的肌肉，養成良好的姿勢，促進正常發育。此外，幼兒攀爬時，必須小心謹慎，否則容易摔下，因此，器械玩具可以訓練幼兒注意力的集中。器械有高有低，有的爬起來真讓幼兒提心吊膽，幼兒有的敢去一試，有的不敢一試，但如果多次遊戲後，熟悉性能了，就敢再做進一步的嘗試，因此，器械玩具可以訓練幼兒的冒險性。

　　當幼兒完成一個攀爬動作後，例如他爬到攀登架的最高點，就會覺得很快樂，很有成就感，就Maslow（1970）的需求層次論

而言，幼兒得到一個小小的自我實現，所以器械玩具可以滿足幼兒的成就感和自我實現。此外，無論是攀登架、鞦韆、搖船等，使用時都必須注意身體的平衡，才能順利把玩，因此，器械玩具可以訓練身體平衡、協調和韻律。

器械玩具的種類很多，適合幼兒玩的也不少，以下就分別介紹：

1. 滑梯：滑梯有木製、金屬製、塑膠製及鋼筋水泥製者，滑板須平坦光滑，不易破損、裂縫，鐵釘更不可凸起，坡度圓滑，最大不超過四十五度，下端約有五十至六十公分近水平的坡度，距地面約高十五至二十五公分。板面寬四十五公分，兩側安全護板至少十公分。

2. 搖船：搖船底成弧狀，坐於兩端，上下交互起落。船為木製或金屬製，其長度及寬度，隨容納人數多寡而增減。船底弧度應圓滑，弧度不可過大，否則易於翻覆，發生危險。

3. 鞦韆：鞦韆多為平板或座椅式，以木製或金屬製為主，兩端與鏈條連接，水平懸垂於架梁下。板距地面高二十至三十公分（幼兒用）。通常為一人坐或踏於其上，做鐘擺式擺動。鞦韆擺動弧度所及至少一公尺內，及左右半公尺以內，不得有障礙物。

4. 浪船：或稱搖動橋。構造與鞦韆同，有船形或矩形長木形，藉鎖鏈懸臂連於架梁上，一人以上坐或立於其上，前後擺動。

5. 攀登架：攀登架係木製或金屬製支架，貫連若干層木質或金屬管製圓形橫梁，以為兒童攀登的設備。架下地面宜鋪以潔淨的洗沙、木屑或其他柔軟物質。架柱以無稜角、表面光滑為宜。

　　以上簡單介紹幾種器械玩具，幼兒天性好幻想，具好奇心，所以設置遊戲器械的外型，應力求新穎，增加吸引力，提高其興趣。器械要堅固耐用、安全，並注意保養，時加定期檢查、修理、清潔，以免發生危險。器械玩具除了設置在幼稚園、托兒所或社區活動中心外，目前公寓林立，幼兒活動機會大為減少，賢明的家長可以在家裡空出一塊地方，放置一個小型的活動滑梯（不用時可收起）、搖船或攀登架，如有庭院，也可擺設鞦韆，供幼兒玩，發展肢體，相信對幼兒有很大的好處。幼兒使用器械玩具時，大人應在場保護，以免發生危險，但也不要因為危險就不讓幼兒玩。

五、黏土（化學土）

　　黏土或稱陶泥，類似的有市面上賣的塑膠黏土或稱化學土。黏土加水後富黏性，可隨意變形，因此，幼兒很喜歡黏土，同時黏土對幼兒的價值甚大，成人應為幼兒準備黏土，供其玩弄。黏土柔軟，幼兒用手去摸去揉，可以增進感官經驗。同時幼兒可任意成形，隨其意願，做自己喜歡做的東西，滿足幼兒自我表現的心理。揉黏土時，必須動手，故可培養幼兒想像力和創造力。以上所提者，均為黏土對幼兒的功能，成人千萬不可忽略。

　　幼兒利用黏土在地板上揉，他可隨著自己的意思去做各種東西，例如幼兒可利用一些樹葉、小樹枝，和黏土做一個鳥巢，使幼兒認識真正的鳥巢，增進幼兒知識。幼兒玩耍時，喜歡三五成群的工作，互相討論，集結智慧，發展社會性，是值得鼓勵的。

　　成人應利用空閒時間與幼兒一起玩黏土，一方面是站在指導立場，二方面是與幼兒同樂，增進情感。指導幼兒玩黏土，除了告訴他如何去做各種物體外，黏土的性質，保存方法也應告知。保存黏土，為免於乾掉，所以應用濕布將黏土包起來，放在陰涼的地方，下次使用時，可稍加點水再揉。此外，清潔問題也很重要，幼兒玩黏土時，令其不要以手去抓頭髮、臉或身體其他位置，以免全身沾滿了泥土，而且使用過黏土以後，使用場所要用水清洗，以免乾了以後很難看，幼兒自己的手也要洗滌清潔，特別是指甲裡，可能有黏土，很不雅觀，甚至有細菌，這些事情，都是成人必須注意的。

六、繪圖玩具

蠟筆和紙張爲繪圖工具，在此稱爲玩具，一方面表示幼兒視繪圖爲一種遊戲，二方面表示幼兒前期的許多繪圖作品，在成人眼光看來，均無任何意義，應視爲遊戲。筆和紙對幼兒的吸引力實在太大了，每當大人在桌上寫字時，幼兒就要過來搶，要來參與，這是幼兒的模仿性，也就是A. Bandura（1977）所提的社會學習，但基於幼兒塗塗畫畫的需要，所以幼兒會對繪圖產生很大的興趣，因爲繪圖可以滿足幼兒自由表現及發展創造力、想像力。當幼兒作畫時，大都表現其腦中之想像，極其自由，大人加以鼓勵，會增加其自我表現的機會，而想像力、創造力，均於無形中形成。幼兒作畫，定會自我評價，如有同伴，也會互相觀摩，大人除了欣賞幼兒作品外，亦應加以鼓勵，如此可養成幼兒欣賞美術品及自然界的能力。此外，兒童入小學以後要學寫字，如在幼兒期拿慣了蠟筆或粉筆，將來用鉛筆寫字時，會覺得更容易。幼兒常將自己的感情，心中的情緒，表現在繪畫中，因此，繪畫亦有疏導情緒的作用。

幼兒圖畫隨著身心的發展而有所不同，幼兒圖畫大致可分下列四期（黃志成等，2008）：

(一)塗鴉期

從一歲至兩歲之間，幼兒只要手裡拿著蠟筆或鉛筆，就會在紙上或地板上畫起線條來。因爲這個時期所畫的圖是沒有意思的內容，所以稱爲「塗鴉期」。這種塗鴉僅可視爲嬰幼兒純以運動感覺活動爲興趣中心，是無意識中所產生手臂反覆運動的結果，屬於沒有意義的圖畫。

解析：大部分的線條都圍繞著圈圈畫。

圖5-4　塗鴉期幼兒所畫的圖

(二)象徵期

此期幼兒約自兩歲至三歲，其想像力逐漸發達，對紙和筆的性能、視覺和動作的控制，都有了相當的認識，於是開始意圖畫出一些形象，但此期幼兒仍是畫其所「知」、所「感」和所「想」，而不是畫其所「見」。根據趙雲（1997）的觀察，不論是正常或智能不足的幼兒，在命名塗鴉之後，最先畫出有形狀的東西，就是

解析：典型的蝌蚪人畫法是一個頭，再加上兩條腿，至於其他的線條則有個別差異。

圖5-5　蝌蚪人畫法

「人」，且通常所畫的人非常有趣，一個歪歪斜斜的圖形代表頭，兩隻大眼睛，那些人通常沒有鼻子也沒有嘴巴，耳朵更不必要了。長長的直線代表手和腳，直接連在頭上，樣子有點像池塘裡的蝌蚪，因此有人稱這種人為「蝌蚪人」。

(三)前圖式期

約在三歲至四歲。此期幼兒對他生活環境裡所接觸到的人物、玩具、樹木、動物、房屋等，漸漸地認識與瞭解，因此對這類事物，已漸漸畫出其形體的形象與特徵，只是表現得還不是很確實。所謂前圖式期，係指無論是畫人物、玩具或動物，都以一定的圖式加以表現；有時只畫某一部分或做一些記號，以表現該形體的全部。這時期的圖畫以人物的題材居多，尤其是畫自己的分量最多，其次是母親、父親、幼稚園的老師。凡在日常生活中與自己較多接觸的，都容易成為其繪畫的題材。

(四)圖式期

幼兒從四歲到八歲的階段，被稱為是圖式期，也就是所謂開始畫像樣圖畫的時期；此期幼兒不但所畫的圖案與實體相仿，而且

解析：幼兒所畫的人物中，頭、頸、手、身軀、腳都差不多，亦即以一定的圖示表現出來。

圖5-6　前圖示期的畫

圖5-7　圖式期畫法

也已具有一定的畫法。惟此期雖可描畫出一些像實物的東西，但卻並非依照實際物體的形狀，量及關係而加以實際寫生，都是憑其記憶而描畫。幼兒繪畫工具除了蠟筆、粉筆外，尚有其他不同的形式，例如指畫、炭畫等。在顏料方面也可以分為好幾種，如水彩、蠟筆、加色漿糊等。

　　成人指導幼兒繪畫，可由以下兩種方式進行：

1. 自由畫：即給幼兒紙、筆以後，不給任何限制，隨著幼兒的意願，依照自己想像，不拘於任何形式，隨便畫出，此種畫法可培養幼兒想像力及創造力。
2. 寫生畫：令幼兒依照所看到的景物，依實際情形畫出，此法可訓練幼兒觀察力，即對於各種事物具有明確之認識的能力。

　　此外，幼兒畫還有很多，目前市面上最多的幼兒畫本是著色畫，就是畫本上畫一個東西，要幼兒去著色，從教育的觀點而

言，這是不好的，因為這種畫法限制幼兒於固定圖形，使其不能自由發表，影響幼兒創造力的發展；此外，由於幼兒手眼協調能力不佳，作畫時常會超出範圍，故此法最好不要採用。

　　成人看幼兒畫絕對不要看其是否畫得很像，應注意其畫法及創意，須知幼兒有他的想像世界。並須教導幼兒不要在牆上或其他不該畫的地方去亂畫，以保持環境清潔。最重要的是要時時給予鼓勵，鼓勵的方法當然是口頭上的表揚及給獎品，並可將幼兒的作品貼在他的寢室或遊戲的地方，如有客人來，也可介紹一番，如此可

圖5-8　創意著色畫

以激發他的興趣，培養他的藝術能力。

七、家具及廢物利用的玩具

精美的玩具非常吸引幼兒，但往往不太實用，有的馬上就壞了，徒增幼兒的挫折感。甚至有些還有危險性，危及到幼兒的安全。而且幼兒需要的玩具很多，如果花錢買，有時也覺得費用很高。況且太過於精緻、漂亮的玩具給幼兒，往往會養成幼兒愛慕虛榮的心理。事實上，玩具並不一定需要買，舉凡家裡的各種家具或不用的箱子、盒子都可以給幼兒當玩具，這樣一方面可以節省金錢，二方面可以培養幼兒的創造力。所以大人要將不用的東西拋棄以前，先想想看，幼兒適用嗎？假如可以的話，就留下來吧！

家裡的家具固然以家用為主，但有時可做玩具使用，例如：大水盆可以當幼兒的游泳池，幼兒可以盡情的在裡面戲水。鑰匙串可當作嬰兒的風鈴，聲音悅耳，刺激嬰兒的聽覺。鏡子可讓幼兒自我瞭解，照照自己是什麼樣子，尤其幼兒臉髒了，不肯洗臉時，給他照照鏡子，再說他幾句，最有效。

其他方面如碗、湯匙、筷子、杯子、手電筒、蠟燭等等，都可以加以利用，成為幼兒的玩具。至於本節所要強調的就是廢物利用，其優點前已述及，對培養幼兒優美的人格有很大的益處。家裡可以利用的廢物列舉如下：

1. 紙張類：報紙、包裝紙、厚紙板、日曆、紙箱、紙袋、紙盒等。
2. 塑膠類：塑膠袋、管子、衣夾、壓克力板、塑膠盒、橡皮圈、碗等。
3. 布類：破衣服、破布、碎布等。

4.電器類：插頭、電線等（須注意安全）。

5.金屬類：鐵罐、水桶、磁鐵、鑰匙等。

6.木器類：木板、木塊、軟木、箱子、線軸等。

7.其他類：保麗龍板、電池等。

總之，大人應隨時為幼兒的玩具設想，以廢物當玩具，舉手之勞，何樂而不為？幼兒充分的利用家具或廢物以後，他可以想像，可以創造，可以活動筋骨，發展肌肉，對於身心發展有莫大的益處，至於如何利用這些東西呢？以下就列舉幾個實際的遊戲供參考。

(一)聽覺訓練遊戲之一

在嬰兒的搖籃上，掛一個風鈴或鑰匙串，搖動時，即可發出悅耳的聲音，嬰兒聽了會有些舒適的感覺，培養優美的情操。

(二)聽覺訓練遊戲之二

取杯子、碗、鐵器、木塊各一件放置桌上，令幼兒拿根小棒子或筷子敲擊各種物品，即發出各種不同的聲音，可以促進幼兒辨

別聲音的能力。但此遊戲必須注意的是：聲音粗糙、不悅耳的儘量不要用。

(三)科學遊戲之一

　　由玩遊戲中學習到科學知識（洪美嬌，2008），科學遊戲亦能增進問題解決能力（蔡宗信，2007）。如科學遊戲「泡泡」能增進學習興趣，有助於科學過程技能的養成（張東瑋，2007）。再舉一例說明寓遊戲於科學知識的學習：把一小塊布塞在長玻璃杯的底部，將杯子顛倒過來，垂直放進水裡。然後把杯子從水中拿出來，再把布抽出，發現布仍然是乾的。此遊戲可以激發幼兒的科學意識，進一步瞭解有空氣的存在。因為杯子裡面有空氣，空氣占有空間，使水無法進入杯子裡面，所以布是乾的。本遊戲適用於五、六歲的幼兒。

(四)科學遊戲之二

　　將兩個小鐵罐的底部各鑽一個小洞，用一條長線把它們連接

起來，然後在線上塗蠟，就完成了一部電話。幼兒可一個講，一個將鐵罐附在耳邊聽。此遊戲可訓練幼兒聽覺能力，並且教導幼兒，音波會在線上傳遞。

(五)鈕扣遊戲

以衣服或特製的鈕扣和扣洞，讓幼兒扣上又打開，打開後又扣上，周而復始。可訓練小肌肉發展及耐力的培養。

(六)拉鏈遊戲

以拉鏈讓幼兒玩，拉上後又拉開，周而復始。此遊戲可以訓練幼兒手指靈活發展，促進小肌肉的運動。

(七)戲水遊戲

在溫度或氣候許可下，放些水在浴缸裡，脫光幼兒的衣服，將他放在浴缸玩水，並供給他些塑膠玩具。此遊戲可促進幼兒情緒的穩定，動作的發展，增進心理平衡。

總之，家裡的東西，可以給幼兒利用的實在太多了，家具為什麼一定要是家具呢？廢物為什麼一定要丟掉呢？可以給幼兒利用的應該儘量給幼兒利用，幼兒的想像力豐富，故家裡可讓幼兒玩的東西，會比我們想像的多，幼兒利用家具和廢物，所能做的遊戲也比我們想像的更多。成人不應該去禁止他，應該供給幼兒有充分發展想像力和創造力的機會。

參考文獻

一、中文部分

王美蘭（1994）。〈影響幼兒行為發展媒介：玩具與教具〉。《台灣教育》，521，31-41。

王萬智（2009）。《學前兒童創新積木型玩具之設計研究》。國立台北教育大學數位科技設計學系碩士論文。

阮慧貞（2003）。《親子遊戲環境中親子遊戲互動相關因素之探討》。國立台灣師範大學工業教育研究所碩士論文。

吳幸玲（2003）。《兒童遊戲與發展》。台北市：揚智。

消費者文教基金會（1993）。〈「你的玩具」安全嗎？〉。《消費者報導》，144，40-41。

洪雅雯（2008）。《探討家長與教保人員對玩具安全之認知、態度、行為及其影響因素》。國防醫學院公共衛生學研究所碩士論文。

洪美嬌（2008）。《科學遊戲創造性問題解決教學活動發展——以「紙張的遊戲」為例》。國立台中教育大學科學應用與推廣學系科學教育碩士論文。

陳淑敏（2005）。《幼兒遊戲》。台北市：心理。

張東瑋（2007）。《以科學遊戲——泡泡為主題之教學活動之行動研究》。國立台中教育大學科學應用與推廣學系科學教育碩士論文。

黃志成、林貞谷、張培英（2007）。《嬰幼兒的教育》。台北市：揚智。

黃志成、王淑芬、陳玉玟（2008）。《幼兒發展》。台北市：揚智。

黃瑞琴（1992）。《幼稚園的遊戲課程》。台北市：亞太。

黃碧萱（2009）。《以民國五、六○年代台灣玩具設計之變遷研究：兼論後殖民文化再生產》。私立大葉大學設計研究所碩士論文。

賀慧玲（1990）。《幼兒玩具選擇偏好研究》。國立台灣師範大學家政教育研究所碩士論文。

趙雲（1997）。《兒童繪畫與心智發展》。台北市：藝術家叢刊。

幼兒遊戲

楊琳（2005）。《嬰幼兒教育玩具之認識與應用》。台北縣：群英。

楊秀惠（2008）。《運用主題活動提升幼稚園積木角學習成效之行動研究》。國立台東大學幼兒教育學系碩士論文。

蔡宗信（2007）。《以科學遊戲增進學生問題解決能力之行動研究》。國立台中教育大學科學應用與推廣學系科學教育碩士論文。

羅曉鈞（2007）。《幼兒數學益智玩具設計之探討》。國立台北科技大學創新設計研究所碩士論文。

羅文喬、馬惠芬譯（2003）。《嬰幼兒教育實務與應用：○至八歲適齡發展玩具選用》。台北市：華騰。

二、英文部分

Bandura, A. (1977). *Social Learning Theory*. Englewood Cliffs, N.J.：Prentice Hall.

Frost, J. L. (1992). *Play and Playscape*. New York: Delmar.

Johnson, J. E., Christie, J. F., & Yawkey, T. D. (1987). *Play and Early Childhood Development*. Glenview, IL:Scott, Foresman.

Hong, J. C., Hwang, M. Y., Liang , H. W., & Chang, H. W. (2008). A toy clinic shop: Innovation management in a shin-tai elementary school. *Educational Gerontology*, 34(11), 1018–1033.

Maslow, A. H. (1970). *Motivation and Personality* (Rev. ed.). New York：Harper.

Van Hoorn, J., Nourotm, P., Scales, B., & Alward, K. (1993). *Play at the Center of the Curriculum*. New York: Macmillan.

Wolfgang, C. H. & Stakenas, R. G. (1985). An exploration of toy content of preschool children's home environments as a predictor of cognitive development. *Early Childhood Development and Care*, 19, 291-307.

Zimmerman, L. D. & Galovini, G. (1971). Toys as learning materials for preschool children. *Exceptional Children*, 5, 642-645.

第六章

幼兒遊戲的場所

- ▶ 家庭遊戲室
- ▶ 庭院之遊戲場
- ▶ 戶外與郊外
- ▶ 幼兒教保機構遊戲場
- ▶ 社區中心

　　「遊戲」自古以來就是幼兒生活的重心，是童年時光的主要內容。遊戲可以使幼兒盡情地展現他們純真的天性，可以表現出他們的內心世界，是他們學習的重要途徑與方式（李芳森，2006）。而學習不單純是一個教養過程，研究證實，玩遊戲實際上是在「建構」知識，建立新的理解能力，幼兒發展專家深信，遊戲是幼兒的重要「工作」，因為玩可以讓幼兒學習如何實踐技能，並且讓他們有能力面對以後的生活（Renea & Nell, 2008）。幼兒遊戲無一定之時間，無一定之種類，也無一定之場所。尤其幼兒富模仿力，只要大人到的地方，他也想去；富好奇心，只要他看得到、走得到的地方，他都想去。既然幼兒遊戲的場所是如此之多，一定有些地方比較適合他玩，有些地方比較不適合他玩，大人為了下一代的教育，為幼兒選擇適當的遊戲場所是必要的。

　　初生的嬰兒，媽媽常抱著他餵奶，餵飽了以後，喜歡逗逗他，因此嬰兒第一個遊戲場所就是媽媽的懷抱，這是最安全、最舒適的地方。嬰兒一邊吃奶，可能用手摸著媽媽另一邊的乳房，這可以算是一種遊戲活動；有時候明明吃飽了，還有意無意的吸吮著，這對嬰兒來講，一方面是為了滿足他的吸吮慾，另一方面也許為了好玩。最明顯的遊戲還是媽媽逗他，有時摸摸他的頭、他的鼻子、他的臉頰等等，或是媽媽發出許多溫柔的聲音、對他笑，初生的嬰兒並無反應，後來隨著發展，漸漸地有局部性的反應。筆者曾做過這樣的一個實驗：對著嬰兒做一次笑臉，一次怒臉，一次招呼的手勢，一次慈愛的聲音，一次叱罵的聲音。結果三、四個月以下的嬰兒，反應都是笑。可見嬰兒是多麼喜歡遊戲，大人與他的遊戲，是嬰兒社會化的開始，也就是說，嬰兒從媽媽的懷抱開始社會化。此外，嬰兒除了大人抱他以外，大部分時間都在嬰兒床裡，嬰兒床就成了他的遊戲場所，嬰兒在睡覺以前，或睡醒以後，都會在嬰兒床裡，望望天花板等他所能看到的東西，手也會動來動去，抓抓棉

被，腳也踢來踢去，這對他而言，乃是一種遊戲。Froebel第一恩物六個毛線球若在這個時候啟用，掛在他的搖籃上是最適合的，他可以用手去抓，以及看到不同的顏色。如果有音樂鐘、風鈴掛在上面，也是嬰兒所喜歡的。

隨著嬰兒的發展，到了八、九個月，他已能爬行了，接著他學會走路，媽媽的懷抱及嬰兒床不能永遠的滿足他，他要在床上爬，在地板上爬，任何他所能到達的地方，都成了嬰兒遊戲的場所，大人應該滿足幼兒這個好奇心，但是有許多地方只要幼兒到了，便會成為一種干擾或「侵害」，例如幼兒一到成人的書房時，往往會造成一種損失，不是地髒了，就是紙破了，或是書弄亂了。況且，我們對一歲的嬰幼兒也應該尊重他的人格了，在此時，最好給他一個自己的地方，那就是他的天地、他的世界。

第一節 家庭遊戲室

工業社會化的結果，造成小家庭愈來愈多，家裡的房間除了作為臥室、廚房、客廳外，為幼兒準備一個小臥室總是必要的，幼兒的臥室自然就是遊戲室。在這個小天地裡，大人除了為他布置些寢具外，最重要的就是遊戲設施。遊戲是幼兒與環境的互動方式，遊戲除了可以促進幼兒身體健康並發洩過多精力外，遊戲中幼兒學習語言、發展大小肌肉、健全人際關係、人格發展、控制力和概念思考，因此遊戲是幼兒於睡眠之外，占最多時間、也是最重要的活動。然而，因遊戲而發生意外傷害是幼兒的第一死因，幼兒因遊戲傷害發生地點以自宅為最多，其次為學校、幼稚園、托兒所等公共場所，就死亡而言，墜落是主要原因（張立東、林佳蓉、蔡明哲、賴怜蜜、史芳英、曾文龍，2003）。蕭景祥、吳淑華（2006）研

究發現，遊戲是幼兒生活的全部，幼兒主要透過遊戲來學習，而操作遊戲場裡的遊具是幼兒喜愛的遊戲活動之一，但在遊戲過程中，常因遊具使用者不正確的操作行為，導致意外事故的發生。因此，遊戲室設計應該優先考量安全性。家庭遊戲室的設施，當然因房間的大小而異，也因家庭經濟狀況而異，最普通的設備應包括以下幾項：

一、 玩具櫃

用以裝各種玩具，櫃子的高度應在一公尺以下。假如沒有玩具櫃時，可用木製或塑膠製玩具箱代替，箱子可大可小，可多可少，視玩具的數目和種類而定。經濟實在有困難的家庭，亦可廢物利用，以厚紙箱當玩具箱，只要幼兒小心使用，效果與玩具櫃、玩具箱並無不同。

二、 玩具

這裡所指的當然是狹義的玩具，大人可依幼兒的興趣，購買他喜歡的玩具，也可以廢物利用，收集家裡不用的東西，適合幼兒玩的，如香皂盒、牙膏盒、塑膠罐（盒）等，大人可做玩具給幼兒，或是教幼兒製造簡單的玩具，以增進他的操作能力和創造力。創造力的培養，可以教幼兒利用簡單的材料，自製玩具。不管作品如何，大人都應該給予鼓勵。幼兒遊戲室的玩具，應該有一定的放置地點，不要堆得亂七八糟，所以每當幼兒遊戲結束後，大人應該教導幼兒如何去放置整齊，從小養成幼兒整潔的習慣，同時也訓練幼兒的分類能力。此外，為了玩具壽命的延長，應令幼兒做定期保養，例如：洋娃娃的衣服可以脫下來洗一洗，可能的話，塑膠、木

塊玩具也可以清洗一番，金屬製品玩具應擦乾淨，須上油的地方就上油。如此，可以養成幼兒愛護物品的習慣。

三、沙箱

　　幼兒遊戲室很需要一個沙箱，因爲幼兒特別喜歡沙，沙對幼兒的益處太大了。如無沙箱，可將沙放置在屋子的角落。乾的沙子比較難以做成各種形狀，所以沙子乾了，可以加點水。在沙箱裡面，可以放些可能用到的玩具，插幾根棒子，特別是小鏟、小鍬和小桶是沙箱裡不可缺少的東西。

四、陶土

　　陶土可以滿足幼兒的創造力、想像力，促進肌肉發展和疏導幼兒的情緒等。鄉下的幼兒，家長可能很容易替幼兒拿到黏土，都市較難買得到，可以到玩具店購買化學土，供幼兒玩捏和操作，幼兒可用這些陶土做成許多他想要做的東西。使用後用濕布包好，放在陰涼的地方，下次使用時，如太乾了，可泡點水再用。

　　以上爲幼兒遊戲室最起碼的設備，可視房間的大小、家庭環

境等因素，予以增加或減少，例如房間較大時，基於廢物利用，可堆些大小紙箱，大紙箱可開洞讓幼兒鑽進鑽出。此外，也可以在家裡的客廳和其他適當的地方養鳥、養魚，供幼兒觀賞，並進一步的使其參與飼養的工作，增進其瞭解動物的習性，培養愛護動物的仁心。家裡如限於空間侷促，無法給幼兒一個遊戲室時，應找個適當的房間，騰出空位，布置一個幼兒的「遊戲角」，供幼兒遊戲之用，也算是幼兒的一個小天地。

第二節　庭院之遊戲場

　　隨著幼兒身心發育，屋子裡並不能完全滿足他，尤其一歲以後的幼兒會爬、會走，他無時無刻都好奇的想探望一下外面的世界，當他跨出門檻之後，看看這個庭院似乎與房間裡面有很大的不同，這些東西似乎在房間裡都沒有見過，沒有摸過，於是好奇之心油然而生。天氣好的時候，往外跑；即使天氣不好，也想往外跑，這是大人所無法理解的。

　　由於每一個人的教育程度、社會地位、家庭職業和個人嗜好的不同，每一個家的庭院設計自然也不同，筆者在此並不呼籲幼兒是如何的重要，勝過家裡的任何一個成員，所以家裡的庭院一定要有一個幼兒遊戲場。然而希望大人在現有的環境、設備下，為了滿足幼兒，儘量予以補充，為幼兒提供一個舒展身心的地方。

　　至於如何補充幼兒遊戲設備，以下就一理想的庭院遊戲場來設計，一般有庭院的家庭，可隨面積的大小和個人的興趣，予以全部模仿或部分擇取。

一、器械設備

適合家庭用的器械以鞦韆、搖椅最好，因偶爾大人亦可使用，真是老少咸宜。器械底下應有防護設備，如沙或草坪等。器械周圍避免有障礙物，以免發生危險。

二、動物飼養場

飼養家禽或家畜，如雞、鴨、貓、狗等，使幼兒有認識動物的機會，並使他參與飼養。如有機會養些幼兒較不易看到的珍禽異獸，那更能引起幼兒的興趣，如猴子、松鼠、鸚鵡等。

三、植物栽培園

庭院栽培園之植物，當然以能對家庭有用者為佳，例如樹木可以遮風避暑，花卉可以怡養心性，蔬果則可以節省開支，又可品嚐自己耕耘的佳餚。幼兒可隨大人除草澆水，大人亦應隨時給予機

會教育，告知植物的常識、作物的栽培，必能引起幼兒的興趣。

四、遊戲廣場

約二十至四十坪左右，可供幼兒騎三輪車、玩球、追逐嬉戲之用。如有一部分草坪，又可供幼兒翻滾坐躺，更可鍛鍊身體、舒展身心。此外，並可設沙坑、跳躍台等。

五、水池

水池可為天然，亦可為人工。然深度以不超過幼兒腹部為宜，幼兒可盡情戲水，而無生命危險。如能在水池裡放點水草、魚蝦，則可讓幼兒捕捉，更能增加情趣。

除以上所提的設備之外，一般家庭也可隨家庭職業、嗜好或其他環境不同，予以特別的設備。如果限於庭院面積或家庭經濟，可隨個人旨趣減少，例如經濟不許可時，器械玩具可取消。大人亦可依自己的興趣予以加強，例如喜歡盆栽的人，在院子裡可以種些花木，並使幼兒參與，培養他的興趣，如此可以建立家庭共同嗜

好，增加家庭的內聚力，唯目前公寓林立，特別是都市，寸土是金，少有庭院，一般建築往往向空中發展，住在底樓或頂樓的家庭也許稍有活動空間，住在中間樓層的除了陽台以外，幼兒根本無室外活動室可言，大人可利用陽台養鳥、種些花或擺設些自己喜歡的設備，亦可利用陽台觀察天象、飛鳥。此外，應利用時間，帶幼兒到各地方玩樂，以補活動空間之不足。

 # 第三節　戶外和郊外

　　若想要幼兒的人格和身心有健全的發展，智識的增進，以及見聞的廣闊，就不能將幼兒圍於家庭裡，使其成為井底之蛙。幼兒需要接觸廣大的自然，這個世界又比家裡、庭院大多了。Lustig（2009）指出，即便是生活在美國的中西部地區，不管是降雪的冬天，或是仍然穿著多衣的春天，大家都很清楚知道讓孩子在戶外遊戲是獲得健康的重要途徑。英國一項教育福利研究發現，結合自然環境的戶外活動學習資源，可以非常成功的促進學童不同文化的交流，此外，還能使家長、學生、師長與學校達到文化合作夥伴的關係（Green Places, 2008）。

　　因此，幼兒對這個大自然所懷有的好奇心將更大，這個大自然裡，有許多寶貴的知識，有待幼兒去開發；這個大自然裡，以廣大的活動空間，讓幼兒去舒展身心、陶冶性情。任何成人，如能充分的利用這些自然設施，相信幼兒必有健康的身體、完美的情緒和豐富的常識。有些地方，為幼兒特別感興趣的場所，大人必須利用假日或空閒時間帶幼兒前往參觀、旅遊，以利幼兒發展，茲簡單介紹如下：

一、兒童樂園

兒童樂園專為兒童而設，裡面的設施，有活動幼兒的筋骨者，有增進幼兒智能者，有供幼兒嬉戲者，種類繁多，只要幼兒一到，一定樂而忘返，由於這些設備對幼兒有莫大的益處，故大人應利用機會帶幼兒前往遊玩。

二、動物園

幼兒喜歡動物乃出於天性，無論家裡的貓狗，或是外面的飛禽走獸，幼兒對牠們有莫大的好奇心。動物園的動物，可以說應有盡有，所以大人應帶幼兒到動物園參觀各種珍禽異獸，並告訴他動物的習性、食物以及其他幼兒想知道的知識。若參觀動物園的機會少，應在野外活動時，如看到各種動物，即予介紹。並可買些有關動物方面的幼兒讀物或圖片給他看，以補實際之不足。

三、植物園

台灣位屬亞熱帶氣候區，植物很多，人類與植物的關係甚為密切，植物對人類的貢獻太大了，幼兒不能不去認識它們。所以成人除了介紹家裡及附近的植物給幼兒認識外，應帶幼兒到植物園參觀，告訴他更多的植物，以增進幼兒的知識，並激發他對大自然的興趣。植物並不限於在特定範圍內，舉凡大自然的一切植物均包括，無論是路過或無意中碰到的植物，都可予以機會教育。必要時，亦可買有關植物的幼兒讀物給他參考。

四、旅行

　　旅行可以增加見聞，增進知識，活動身體。對幼兒來說，由於知識未開、閱歷太少、身體需要活動，旅行更顯得對他的重要性了。所以大人必須利用時間，常常帶幼兒遊覽名勝古蹟，並在其可理解範圍內，詳加說明，必可增進其閱歷，所以旅行也是一種有益幼兒的遊戲活動。但幼兒體力有限，不宜太過勞累，所以旅行時，必須注意不要長途跋涉，宜多休息，以免體力透支，反而影響幼兒身體發育。

五、郊遊

　　郊外不但風景好，而且空氣新鮮，所以必須常帶幼兒到郊外玩。特別是住在都市的人，更有此必要。可以選擇山野之美，溪流海濱之勝或是田園野外之佳景。不僅幼兒嚮往，大人亦喜歡。郊遊除了可以活動筋骨以外，並可增進知識見聞，它對幼兒有多麼重要的益處，例如爬山可以鍛鍊身體，又可介紹中途所見到的動物、植物或是天象的變化，太陽的位置等等，在郊外野餐亦可增進生活情趣，因此，大人應常帶幼兒做郊遊活動。

　　以上列舉幾項幼兒期必須有的戶外活動，這些活動的功能很多，大人必須瞭解一個概念：幼兒的學習是以遊戲為基礎，因為幼兒的遊戲是他的第二生命，所以各種教育，如能在遊戲中進行，所得到的效果將是最大的。例如幼兒學習昆蟲的知識，如只在教室進行講解，那是多麼的枯燥乏味，而且也很抽象，幼兒不易理解。如能利用郊遊機會，在野外實際講解，捕捉昆蟲做標本，這就是一種

很好的遊戲，也是一種學習活動，大自然實是一個活教室。此外，許多有益幼兒知識見聞的機構，也必須帶幼兒一遊，予以機會教育，例如：郵局、電信局、自來水廠、天文台、公所、衛生所、警察局、學校、百貨公司、商店、礦場、牧場、魚池、工廠、港口、車站等。

第四節　幼兒教保機構遊戲場

隨著工商業的高度發展，幼稚教育的觀念已漸深入成人的心裡，而且由於小家庭愈來愈多，幼兒教保形成了社會問題之一，許多小家庭，夫婦天天上班，對於幼兒的照顧與教育遂形成問題，許多幼兒教保機構自然就因應時代而生，政府有關單位也一再呼籲人民應重視學前幼兒的教育和保育，以謀幼兒福利。Bergen和Fromberg（2009）指出，幼兒教育者應提供適當的空間資源，不論兒童性別，讓幼兒有機會發揮判斷力、學習人際互動、情緒管理、提升認知與創造力。托嬰中心、托兒所和幼稚園，已漸深入每一個角落，以下就分別討論這些幼兒教保機構的遊戲場。

一、托嬰中心

托嬰中心已應時代而生，主要以私人機構為主，公立機構方面則在兒童之家、育幼院等社福機構才有。私人機構可分為家庭式托嬰和機構式托嬰，前者規模較小，大都由家庭主婦在家接受托嬰；後者則比較有計畫，大規模的實施。托嬰對父母來說大都是不得已的，主要為父母都有職業，又無上一代的照顧，只好往托嬰中心送，因此，托嬰中心設置的目的大都為解決一般家庭長期或短期

的嬰兒乏人照顧而設。托嬰中心收托的嬰兒以一歲或二歲的嬰兒為多，故托嬰中心的設備大都應以二歲以前的嬰幼兒使用為主。

　　提供嬰兒遊戲，首先就要考慮到托嬰中心內必須有充足和專業的保育員。所謂充足是指托嬰中心裡的人力是否足夠？有些私立機構只顧賺錢，嬰兒收得多，保育員請得少，大部分嬰兒都被置於床上，任其睡覺、任其遊戲、任其哭鬧，這對嬰幼兒的發展均有妨害。以正常情況，隨著嬰兒的月齡而不同，托嬰中心的保育員應有合理的調配，保育員應多與嬰兒接觸，不要讓那麼小的嬰兒「自謀生活」。

　　托嬰中心的房舍建築以安全、空氣新鮮、寧靜為原則。而且必須保持衛生，除了臥室以外，應另闢遊戲室，給嬰兒活動用。戶外也必須設置嬰兒活動器械。托嬰中心之室內、室外遊戲設備，依「兒童及少年福利機構設置標準」規定（如附錄一）。

二、托兒所

　　幼兒的成長必須經由他與成人和環境的互動，透過這些聯結產生影響，而課程就在其間進行，環境既係幼兒學習與生活的活動空間，亦為其成長與發展的重要憑藉，尤能凸顯其潛移默化的境教功能與價值（曹翠英，2002）。托兒所以促進幼兒之身心健康與平衡發展，並配合家庭需要，協助婦女工作，藉以增進兒童福祉為宗旨，收托二足歲至未滿六歲之幼兒。以收托的時間分，可分半日托育、日間托育、全日托育及臨時托育四種。以主辦單位分，可分為公立和私立。以性質分，可分為一般托兒所、農忙托兒所和社區托兒所。由於職業婦女日漸增多，故托兒所已漸被重視和需要，以協助婦女照顧幼兒。其教保目標以滿足幼兒身心需要，充實幼兒生活經驗為主，故應按其生長、發展與基本需要，在適合的環境中，

施以教保活動。知能訓練方面，依作息時間，其活動以輕鬆、生動有變化及培養充沛活力與思考力為主。動靜時間，應力求均衡。至於訓練之目標與內容為：(1)遊戲；(2)音樂；(3)工作；(4)故事和歌謠；(5)常識。托兒所之課程內容細分以上五項，但除第一項遊戲外，其他四項之進行，亦應以遊戲為主。就以音樂課程為例：

在課堂上教幼兒學五線譜、發音練習時，幼兒常會感到坐得不耐煩，缺乏興趣，當然學習效果也不佳。如果改用遊戲的方式進行，那一定能提起興趣，增進學習效果。遊戲開始，在地上畫五條線代表五線譜，令幼兒站在線上或線間，每一線上和線間都有一種聲音代表，幼兒可在線上和線間跳來跳去，跳到那一個音代表的位置時，就要發出那一種聲音，如此跳來跳去，就可發出各種聲音來，這是以音樂課程為主的遊戲。其他工作、故事、歌謠和常識課程進行的方式亦同。

托兒所於一九九三年兒童福利法修正前，大致依內政部訂定之托兒所教保手冊辦理，作為幼兒教保及衛生保健工作之依據；惟精省之後，托兒所教保內容大都參照採用幼稚園相關課程及內容，實施內涵亦趨同質。

托兒所之室內室外遊戲設備標準，依「兒童及少年福利機構設置標準」規定（如附錄一）。

以下就依內政部（1973）頒行之托兒所遊戲課程做一說明。

(一)目標

1.增進身心之健康與快樂。

2.滿足愛好遊戲之自然心理，學習適當之遊戲活動。

3.發展肌肉之聯合作用，訓練感覺與軀肢之敏捷反應。

4.培養互助、合作、樂群、守紀律、公正等良好習慣。

(二)內容

1.計時遊戲（如搬運豆囊、拋擲皮球等，可兼習計數）：

遊戲示範：分組傳球。

人數：男女各十名。

方法：分兩組，每組男女各五人，排成一列約長二十公尺，拿二球分別給各組第一位幼兒，發令後令他們第一個拋給第二個，第二個拋給第三個，如此拋到第十個，球掉下後，必須由原來幼兒拾起後再拋。如此兩組比賽快慢，並計時。

2.表演遊戲（如故事表演、歌唱表演等）：

遊戲示範：龜兔賽跑。

人數：二名。

方法：以一人扮演兔子，一人扮演烏龜，老師將龜兔賽跑的故事講給學生聽以後，令學生表演。

3.律動遊戲（隨音樂表演之各種動作，如鳥飛、馬跑、蛙跳等）：

遊戲示範：噗通跳下水。

人數：全班幼兒。

方法：老師教唱「一隻青蛙，一張嘴，兩個眼睛，四條腿，噗通跳下水。兩隻青蛙，兩張嘴，四個眼睛，八條腿，噗通噗通跳下水……」由此由一隻青蛙開始，依次增加，視幼兒數理能力而停止，一邊唱時，還要連帶表演，讓幼兒也跟著做。

4.感覺遊戲（如閉目摸索、聽音找人等遊戲，練習觸覺、聽覺、視覺及其他感覺器官）：

遊戲示範：我是誰（聽覺遊戲）。

人數：全班幼兒。

方法：遊戲時，全體幼兒圍成一圓圈，找一位幼兒蒙上眼睛，老師與幼兒一邊拍手一邊說：「猜猜看！」接下來老師指一位幼兒，幼兒即說：「我是誰？」讓蒙眼睛的幼兒猜出這位幼兒的名字。如此「猜猜看（眾聲）！我是誰（單音）？」一邊拍手一邊玩下去。

5.模仿遊戲（如兵操、貓捉老鼠等模仿動作）：

遊戲示範：天倫樂。

人數：五至六名（男女各半）。

方法：幼兒分組活動，約五至六名一組，分別扮演家庭之角色，如爸爸、媽媽、兒子或祖父母、叔伯等親屬，模仿大人的角色活動。

6.猜測遊戲（如尋物、聽琴等）：

遊戲示範：銅板在哪裡。

人數：全班幼兒。

方法：全體幼兒圍成一個圓圈，令一個幼兒暫時離開現場，老師拿一個銅板（硬幣）給一幼兒，換離開現場的幼兒回來，令其找出銅板在哪裡，全體幼兒一齊拍手，當尋物者愈接近帶銅板的幼兒時，拍手的聲音就要愈大，相反的，尋物的幼兒愈離開帶銅板的幼兒時，拍手的聲音就要愈小。必要時，銅板可利用尋找的人不注意時，隨時傳遞，以增加遊戲的刺激性。

7.競爭遊戲（如爭座、燕子搶窩等）：

遊戲示範：搶位子。

人數：全班幼兒。

方法：全班幼兒拿椅子排成一圓圈，人數比椅數要多一，全

體幼兒在椅子圈內圍一圓圈，大家一齊唱一首歌，唱完時，大家拍手一次後即開始搶位子，看看誰沒位子坐，請他表演節目。

8.我國各地方固有之各種良好遊戲：

遊戲示範：提燈籠。

人數：全體幼兒。

方法：全體幼兒在工作時，自己設計簡單的燈籠，提燈遊行，並介紹元宵節的提燈籠遊戲，與固有文化相配合。

三、幼兒園

幼稚園是學前教育最重要的一環，尤其目前職業婦女愈來愈多，對幼兒的教育幾乎已漸取代家庭教育了，因此有些學者早已呼籲義務教育要提早到幼兒園，如此始能合乎幼兒需要和時代潮流。幼兒園的教育目標可分為以下幾點：

1.維護幼兒身心健康。

2.養成幼兒良好習慣。

3.充實幼兒生活經驗。

4.增進幼兒倫理觀念。

5.培養幼兒合群習性。

由此可知，欲使幼兒的人格、身心有健全的發展，將幼兒送往幼兒園是不可缺少的。幼兒遊戲具有五項特質：(1)幼兒遊戲具有可預測的發展模式；(2)隨年齡的增長，遊戲方式有所不同；(3)幼兒遊戲有其個別差異；(4)幼兒遊戲多是重複的；(5)遊戲受文化影響（黃志成、王淑芬、陳玉玟，2008）。遊戲可增進幼兒身心

的健康與快樂，滿足幼兒愛好遊戲心理與個別差異的需要，還能增廣幼兒知識，擴充生活經驗，並且發展幼兒創造思考的能力與解決問題的能力，還能培養幼兒互助、合作、樂群、公平競爭、遵守紀律、愛惜公物等社會品德。幼兒自一歲以後慢慢進入平行遊戲期，如有友伴一起玩，可讓孩子知道主體（自己）與客體（他人）的存在，而慢慢的解除自我中心的思想，逐漸進入社會化（黃志成、林貞谷、張培英，2004）。對幼兒與低年級兒童而言，認為好朋友是指「在一起玩的人」，也就是花時間在一起玩遊戲的人，兒童友誼概念的發展，是兒童社會化發展的重要過程（林美珍、黃世琤、柯華葳，2007）。

幼兒遊戲依其內容的性質來分，可分為下面五種：

(一)感覺運動遊戲

1. 運用身體大小肌肉的遊戲：大肌肉方面如走、跑、跳、爬、投、推、拉以及使用運動器材如：溜滑梯、拍球等。小肌肉方面如畫畫、剪貼、玩黏土以及穿珠子等遊戲。
2. 感覺的遊戲：運用視、聽、觸、嗅、味覺等之遊戲。

(二)創造性遊戲

1. 造型遊戲：如繪畫、印畫、拼貼、建造、塑造與雕刻。
2. 語文創作遊戲：如看圖說話或編故事、兒歌集體創作或個別創作、戲劇創作表演等。
3. 音樂創作遊戲：隨著音樂的節拍、歌詞的意義自由創作表現動作或隨著遊戲不同的情境，幼兒自創哼歌。

(三)社會性活動與模仿想像遊戲

如角色扮演、模仿社會節慶活動的遊戲、講故事後的角色扮演遊戲。

(四)思考及解決問題的遊戲

如觀察遊戲、猜謎語的遊戲、拼圖等。

(五)閱讀及觀賞影劇、影片遊戲

遊戲內容不是幼兒主動而是承受的，如看圖畫書、電視、戲劇、聽錄音帶等。

遊戲的實施尤須考量許多要素，說明如下：

1. 重視幼兒的年齡、性別與個別差異。
2. 重視幼兒的需求，與自發性的遊戲。
3. 遊戲的方法要說得清楚明白，並要隨時從旁予以必要的指導。
4. 遊戲活動與器材的選擇，當具多方面的功能，不宜單調或不適合幼兒的需求。
5. 刺激與鼓勵幼兒從事多項的遊戲。
6. 注意遊戲場地與器材的安全。
7. 其他。

Sheath（2008）認為用心規劃公共空間的設計，使幼兒可以身歷

其境，例如規劃冒險遊樂場和空間創意的發揮，讓幼兒學習克服各項空間障礙，並且有機會發揮創造性。而創意遊戲活動是幼兒生活經驗中的重要部分，且是頗具活力的部分；在遊戲之中，幼兒的內在動機被引發，樂於主動參與，創意遊戲亦是幼兒發揮想像力和練習問題解決的途徑，若能以創意遊戲的形式呈現學習與練習的內容，不但可使學習者愉快地學習，又容易感受到成就感，且能維持學習動機與專注力（侯禎塘、韓楷檉，2006）。學前機構的教室常會規劃遊戲角或學習區，每一個遊戲角或學習區有其獨特的玩物及玩法。在開放式以角落為布置的教室中，幼兒常會與教室情境中之玩物互動來獲得其知識與技巧。老師的角色是一輔助者，布置教室環境，觀察幼兒在情境中與玩物互動情形，對有需要的孩子提供支持與協助，有時還會介紹每一角落的新玩物及可能的玩法。

遊戲角落或學習區的布置是以玩物為主要要素，玩物可以讓幼兒自由探索，在遊戲中獲得學習效果。以下是一般教室的遊戲角落或學習區的規劃以及其所包含的遊戲素材：

1. 美勞角：顏料、畫架、刷子、剪刀、漿糊、壁報紙、小塊的木皮或保麗龍、圖畫紙、色紙、毛筆、蠟筆、黏土、麵糰。
2. 積木角：標準積木，大型中空積木，依課程主題陳列的實物模型（例如：交通工具、人物、動物）。
3. 娃娃角：道具服裝、洋娃娃、洋娃娃床、嬰兒手推車、家庭用品、廚房的模型家具及設備、小桌椅、餐具、盤子。
4. 音樂角：節奏樂器、風琴、錄音機、豎琴、木琴。
5. 圖書角：圖畫書、拼圖、雜誌、書架、沙發或書本展示架。
6. 玩具角：樂高玩具、拼圖遊戲、插椿板、骨牌遊戲。
7. 科學角：飼養在籠中的小動物、水族箱、採集物（種子、石頭、貝殼）、放大鏡、沙箱、水槽、種子的成長、螞蟻窩。

8.木工角：工具、釘子、木頭、工作台、螺絲、虎頭鉗、黏膠及油漆。

9.主題角：幼兒所熟悉的道具或家具，如商店、餐廳、郵局、醫院或寵物店。

10.寫字角：鉛筆、麥克筆、紙、空白簿子、字母表、字母印章、白板及白板筆、字典、寫字夾、信箱、電腦及個人工作簿。

11.數學角：數學操作用品（如數學寶盒或MPM數學）、數學遊戲及拼圖。

　　幾乎沒有一間教室可以涵括上述所有的角落，因此，老師必須決定教室要有哪些角落，這些角落會影響幼兒哪些活動與遊戲。許多老師常會依其課程需要，安排或布置固定的遊戲角落，例如，娃娃扮演角、積木角、圖書角、美勞角、科學角，有時還會增加一些暫時的遊戲角落來安排一些主題遊戲（如各行各業、交通工具）以及依課程需要的角落。

四、評量

(一)幼兒方面

1.對遊戲表示積極參與的興趣。

2.能集中注意力玩遊戲。

3.遊戲時會注意安全。

4.不玩已壞的玩具及危險的物品。

5.玩累了知道休息。

6.能依自己的興趣選組或選角落玩遊戲。

7.喜歡參加團體遊戲，並能與友伴和睦相處。

8.會運用園裡各種玩具及遊戲器材玩遊戲。

9.對周遭的事物表示關注、好奇與探究的興趣。

10.活動後能報告自己的見聞及感受。

11.能依據自己的構想玩遊戲。

12.遇到困難時會想辦法解決問題或求助於人。

13.玩具能與別人輪流、交換或共玩。

14.活動後能與友伴共同收拾。

15.能與友伴分享，愛惜別人的物品，並且有感恩之心。

(二)教師方面

1.尊重幼兒個別間的差異而做個別輔導。

2.能輔導幼兒快樂活潑地從遊戲中學習。

3.協助幼兒建立正確的自我概念和自信心。

4.能依幼兒的能力、需要和興趣，提供合宜的活動。

5.能依活動的需要提供器材，並布置環境。

6.能隨時調配幼兒的活動，使動態與靜態交替活動。

7.經常輔導幼兒去發現、學習。

8.經常以啓發、誘導、鼓勵的方式輔導幼兒活動。

9.輔導時以愛心對待幼兒。

10.教師的穿著、表情、動作皆合於遊戲當時的情景。

11.經常做觀察記錄，以爲行爲輔導的參考。

12.教師的一舉一動，均能爲幼兒的模範。

13.鼓勵幼兒創造，自己也經常創造。

14.經常做自我評鑑（目標、內容、輔導方法、態度，以及環
   境設計布置等）。

第五節　社區中心

　　社區中心（community center）為推行社區發展，舉辦各種社區活動而興建或開闢之活動場所。社區發展乃行政院於一九六五年公布的「民生主義現階段社會政策」之重要內容。根據該政策，福利服務、社會教育、社會發展三項中，皆強調要興辦兒童福利措施、康樂設施及體育場之設置。有關此點，我國兒童福利專家熊慧英（1975）最具卓見，她在《兒童福利的展望》一書中主張：積極性的兒童福利應為孩子提供有利於體能發展，良好體格造型，精神伸展和性格造型的最佳社區環境——兒童體能園，這是根據兒童有異於成人和青少年特有的需要而設計。設置的類型有大型兒童體能園、中小型兒童遊樂場、各型運動場三種型態的活動中心。此外，更須為兒童心智的發展成立兒童智能館，館內陳設有三十四個分館，例如太空館、海洋館等，使兒童在多角文化的衝擊下，吸收更多的知識。

　　目前幾乎每一社區皆有活動中心之設置，同時在活動中心大都設有兒童遊樂場，兒童遊樂場之遊樂設備大致與一般托兒所、幼稚園無異，諸如：鞦韆、搖椅、平衡木、滑梯。其優點為緊鄰住宅區，幼兒使用極為方便，同時又為社區居民所共享、共有，對於養護有所裨益，且成人欲陪同幼兒玩耍甚為方便，大多數社區對開放時間亦無限制，可隨時享用，給幼兒帶來不少便利。

　　為發展社區兒童遊樂場，每一社區居民皆有義務出錢出力，一方面增加各種遊樂、體能活動設施；另一方面擔負清潔、保養之責。同時，應隨時帶領幼兒前往玩耍，以物盡其用。

　　除社區兒童中心設置外，無論政府或民間團體、企業機構和

　　各基金會，亦有義務選擇適當地點，開闢各式幼兒體能園、育樂場、智能館、圖書館、玩具中心、兒童公園等設施，供幼兒享用，以培育國家幼苗，謀求幼兒福利，奠定健全國民之基礎。

參考文獻

一、中文部分

內政部（1973）。托兒所設施標準。

李芳森（2006）。〈提早學習與兒童遊戲——當前親職的兩難抉擇〉。
　　《幼兒保育學刊》，4，63-78。

林美珍、黃世錚、柯華葳（2007）。《人類發展》。台北市：心理。

侯禎塘、韓楷檉（2006）。《創意遊戲數學教學對增進融合教育環境中
　　數學學習困難兒童的學習興趣與學習成效之研究——以國小的中、
　　高年級特殊教育需求兒童為例》。行政院國家科學委員會專題研究
　　計畫成果報告。台中市：國立台中教育大學特殊教育學系。

張立東、林佳蓉、蔡明哲、賴怜蜜、史芳英、曾文龍（2003）。《防護
　　兒童於遊戲設施頭部傷害之研究》。行政院國家科學委員會專題研
　　究計畫成果報告。台南縣：嘉南藥理科技大學嬰幼兒保育學系。

黃志成、林貞谷、張培英（2004）。《嬰幼兒的教育》。台北市：揚
　　智。

黃志成、王淑芬、陳玉玟（2008）。《幼兒發展》。台北市：揚智。

曹翠英（2002）。〈我國公私立幼稚園幼兒遊戲室規劃研究〉。《國立
　　台北師範學院學報》，15，461-492。

熊慧英（1975）。《兒童福利的展望》。台北市：中國文化學院青少年
　　兒童福利學系。

蕭景祥、吳淑華（2006）。《幼兒在遊戲場所之不安全行為研究》。台
　　南縣：嘉南藥理科技大學嬰幼兒保育系。

二、英文部分

Bergen, D. & Fromberg, D. P. (2009). Play and social interaction in middle
　　childhood. *Phi Delta Kappan,* 90(6), 426-430.

Green Places (2008).Where does play end and learning begin? *Green Places,*
　　49, 18-20, 22-23.

Lustig, S. (2009). Play fever. *American School & University,* 81(9), 6.

Renea, A. & Nell, C. (2008). Play it again. *School Library Journal,* 54(5), 32.

Sheath, E. (2008). Fair play. *Green Places* , 44, 24-27.

第七章

幼兒遊戲與教學

▶ 遊戲教學的價值

▶ 遊戲教學的應用原則

▶ 遊戲教學的特性

▶ 幼兒遊戲應用實務

由遊戲理論進入到遊戲教學之前，必須先瞭解幼兒遊戲行為的發展，方能設計出適切的教學內容。從第二章中介紹的遊戲與發展的關係來看，不論何種類型的遊戲，幼兒遊戲行為的發展皆不離其身心發展的原則，其過程是循序漸進，由自我中心到與他人互動、由具體到抽象。幼兒在遊戲的過程中都很投入。只要投入，任何事物都可以有效學習，因此，幼兒在遊戲時是一個很好的教學機會。遊戲是幼兒的第二生命，也就是說，幼兒生活即是遊戲，舉凡幼兒的身體發育、動作發展及人格心理的塑造，都在遊戲中進行（黃志成、高嘉慧、沈麗盡、林少雀，2008）。從「遊戲中學習」是學前教育的鵠的，遊戲是幼兒智慧的泉源（黃志成、王淑芬、陳玉玟，2008）。幼兒進行遊戲時，成人常會為了是否達成目的，而變得無趣或過於認真，幼兒卻是忽視目的性而能盡情玩樂，這種自發性的學習動機，完全是為了遊戲而遊戲。然而，教師若以遊戲結合教學時，常會忽略了遊戲對幼兒的意義，偏重於教學目標的達成。儘管自發性的遊戲與目標性的教學遊戲有不同的主張，但是對於幼兒教育都有一定的價值。以下幾節以遊戲教學的價值、遊戲教學的應用原則、遊戲教學的特性及幼兒遊戲應用實務來做討論：

第一節　遊戲教學的價值

黃志成、王淑芬、陳玉玟（2008）認為，遊戲在幼兒教育上具有如下的價值：

1.可鍛鍊幼兒的各種感覺：玩具的種類很多，有可以用手去觸摸者、用耳去聆聽者、用眼去觀察者等，如此可鍛鍊幼兒的感覺。

2.可以培養幼兒的好奇心：幼兒對於各種新奇的、構造複雜的玩具，總想去探個究竟，如此可以培養其好奇心。

3.培養記憶力：有許多玩具，如七巧板、數字遊戲等，幼兒在遊戲時，必須反覆練習、記憶，如此可培養記憶力。

4.可以培養想像力：在遊戲中，幼兒常將玩具想像成各種事物，如此可以培養其想像力。

5.可以培養美感：玩具的顏色很多，手工或模型都很好看，幼兒終日取之嬉戲，自然可培養美感。

6.可以培養注意力：幼兒在遊戲中，都表現得非常專注，聚精會神，如此可以培養注意力。

此外，歐莓芋（2004）在蒐集了相關文獻後，歸納出遊戲教學的價值，如以下四項所述：

1.增進認知及感官能力的發展：遊戲教學可訓練幼兒的感官能力，在進行「同化」時，創造性的想像能引發推理能力；在遊戲教學過程中，由於幼兒的思考，也能促進智能的發展，強化對身體運動的控制，體會到適應社會生活的能力。

2.有助於情意領域的學習：遊戲式的教學著重於情意教學的部分，能讓幼兒去思考、感受、體驗，從中發現人生的真理與價值，對人格、情意的培養與陶冶，可發揮最大的功效。雖然在教學的遊戲中，幼兒是依據自由意志而行動，但也從中學習規範性，如遵守紀律、服從規則等行為，培養責任心和義務感。

3.促進自主學習與互動學習：教學遊戲提供學習者主動學習，允許練習嘗試，也鼓勵彼此之間的互動學習，當互動的對象是人時，幼兒必須學習去考慮他人的心態，嘗試與同伴合作，溝通情感，獲得為人處事的經驗。

4.提供多元化的教學：遊戲是一種學生自我評估的方式，也是
　教師評斷學生學習進展的方法。在教學時，遊戲活動可作為
　引發動機的媒介、教導課程內容和方法的策略、提供多樣化
　教學或改變教學方式的設計、複習教材內容、刺激歸納性思
　考和批判性思考。

　　李駱遜（2005）從研究中發現，遊戲教學不僅可讓幼兒在輕
鬆愉快的氣氛中得以學習和展現多項知能，還可將其知能化為實際
的行動，充分發揮體驗、省思、實踐的精神。透過遊戲式教學，提
供了幼兒親身體驗的機會，也增加了新的經驗，擴展其視野，幼兒
便不斷有新發現，進而開發無限的潛能。

第二節　遊戲教學的應用原則

　　Gowen（1987）指出遊戲被定義爲自我導向的活動，因此，成人應該使用無方向性、弱指導性的方式，讓孩子自行選擇遊戲模式（引自Frost, 1992）。教師在進行遊戲教學時，必須避免不適當的指導與期望，方能在有效增進幼兒認知領域發展的同時，也維持幼兒對事物的想像力與創造力。蘇育任（1993）提出遊戲引導教學的三項原則（引自林嘉玲，2000）：

1.遊戲教學雖由教師指引，但教師的主要責任在建立學習環境，讓大部分學生均能建構本身之遊戲系統。
2.若教師欲使更多學生得以建立其遊戲系統，可以刻意布置遊戲系統以引導學生參與。
3.縱使無法設定強迫性的共同學習目標，有時也無法見到學生獲得明顯的學習成效，但仍須堅持遊戲對教學的重要性，並持之以恆才能成功。

　　Kamii和De Vries（1996）根據J. Piaget的理論，得到兩個適用於所有遊戲的基本教學原則：一爲修正遊戲，以配合幼兒的思考方式；二爲儘可能少用成人權威，鼓勵幼兒彼此的合作。並主張爲了在教育方面具有實用的價值，一個良好的教學式遊戲，應該要同時具有以下三項原則（高敬文、幸曼玲譯，1999； Kamii & De Vries, 1996）：

1.內容有趣、具挑戰性，能讓幼兒思索遊戲的方式：幼兒在遊戲開始時，可能似懂非懂，但是若幼兒覺得遊戲有趣，則還

可以想出不同的玩法,當遊戲的挑戰性足以引起幼兒自發的
興趣,則自然能激發其好奇心。因此,教師在遊戲教學時,
應先分析遊戲的內容,確認能否引導出幼兒的推理能力,擴
展自發思考的可能,使其主動參與遊戲活動,並且讓幼兒學
習合作,提供任何發展層次的幼兒思考的機會。

2.**可以讓幼兒自行評量成就**:幼兒在遊戲時,很自然地會關心
自己努力的結果是否成功,所以遊戲的結果應該是明顯的,
以便幼兒自行評量其成就。如果每次的評量標準都必須依賴
教師而定,幼兒則無法肯定自己做得好不好,連帶地也降低
了參與的興趣與熱忱。若幼兒在遊戲時無法自行評量結果只
能算是測驗,連帶地則會造成幼兒興味索然。

3.**在整個遊戲過程中,能使所有幼兒主動參與**:主動參與是指
幼兒可以從事心智的主動思考,同時又有情感投入。若幼兒
在遊戲過程中表現得無所事事,即表示該活動很難激發他的
心智活動,這也代表遊戲提供心智活動的可能性與遊戲中的
身體活動有密切的相關性。

蔡淑苓(2004)則主張教師在運作「幼兒遊戲與教學」活動
之間的關係時,應該注意七件事:

1.讓遊戲設計在課程主題之下,教師應為幼兒準備各種富於刺
激的不同活動,鼓勵幼兒從不同的角度體驗,嘗試本身之感
官、肢體、語言、情緒、社會與認知等狀況。

2.布置安全和吸引的遊戲場所及設備,遊戲場所及設備的安排
是環境心理的延伸,是學習的物質支柱,也蘊藏學習的基本
工具,提示幼兒活動的方向,更是激發幼兒遊戲的興趣、願
望的基本條件。

3.瞭解幼兒身心發展特徵,提供必要的遊戲材料,方能提供幼

兒身心均衡發展的機會。

4.讓幼兒有足夠悠遊的遊戲時間，以利幼兒能不知不覺循序漸進地從容融入課程主題，以激發幼兒發展較高、較複雜的遊戲智能與體能。

5.支持幼兒的遊戲架構，因勢利導參與幼兒遊戲。教師要依主題課程，注意何時須提供或增加幼兒遊戲的材料，並且要善於觀察幼兒於遊戲時所呈現或透露出來的訊息，順勢介入或指導幼兒，使其獲得行為改善及轉變。

6.審慎評量幼兒遊戲行為，評量對教師而言，是一項挑戰，運用評量方法，能協助教師順利地結合理論與實務，進而反映在教學上與幼兒的活動中。評量的方式與工具有很多種，教師應依據目標與對象，選擇適切的評量方法。

7.引導幼兒自我評量、接受同儕的評量或互相評量其遊戲行為，並進行「我願改變──培養幼兒自我控制」的能力，如此可增強幼兒的自我概念、自我瞭解、自我評價和自我改變。

另外，李駱遜（2005）的研究發現，教師的遊戲教學應該具備以下五項原則：

1.安排充裕的時間讓幼兒去

嘗試、思考、計畫比較複雜的遊戲，或協商解決問題等，才易出現較高層次的遊戲行為。

2.規劃適宜的遊戲空間可以減少分心、攻擊行為，增加互動的機會。不同的場所還可豐富兒童的想像、充實其生活經驗。

3.提供不同種類的玩物以提升遊戲行為的複雜性。

4.隨時瞭解幼兒的想法。

5.參與幼兒遊戲活動，提供探索、建議、延伸遊戲的可能性及複雜度。

綜合上述，採用遊戲方式進行教學所應注意的原則可從學習的主體與客體來看，學習主體為學習者，包含學習的內容、過程與學習的時間，學習客體為教學者提供的相關素材，包含教學者本身、學習環境、教學內容與過程中的評量，說明如下：

1.*學習者*：遊戲教學是適合於各年齡層的學習者，在教學設計時，必須考慮學習者的先備知識與能力，選取適合的遊戲方式與內容，方能引起學習者的興趣，激起學習者的學習動力。

2.*教學者*：遊戲教學所演變出的學習結果不一定能完全測知，因此，教學者必須具備豐厚的相關知識，以開放、接納、欣賞、鼓勵的態度，接受學習者任何的學習表現，並給予正面的回饋。

3.*內容*：在主題架構之下，教學者要儘可能提供半結構式的訊息、素材以及各種不同感官刺激的活動，培養學習者的主動性與挑戰性，並設計引導學習者進行較高層次思考的遊戲行為。

4.*環境*：在布置學習環境時，除了要考慮教學主題之外，同時也應注意相關訊息的提供，讓學習者能專心、探索，滿足智能與體能的需求，讓學習者有足夠的活動空間以及與他人互

動的機會。

5.過程：在學習過程中，必須考慮到彈性原則，尤其是以遊戲
　　模式進行，教學者要適時地參與學習過程，並提供適合的評
　　量工具，以利學習者聚焦於學習主題與歷程中。

6.時間：充裕的時間是學習必備的條件之一，遊戲教學中，學
　　習者除了要有試誤的機會之外，還需要反覆的練習，時間的
　　安排必須鬆緊適中，太短無法讓學習者有機會去思考、規
　　劃、試誤，太長容易讓學習者失去緊張感或感到無聊。

 # 第三節　遊戲教學的特性

　　自發性遊戲與教學性遊戲在基本主張上有程度的不同，目標
導向的指導性遊戲具備以下的特性（徐長安，1997；引自歐莓芛，
2004）：

1.為學習教材而進行的遊戲，不是純為遊戲而遊戲。

2.能從遊戲中達成某一行為目標，不須涵蓋整個教材內容。

3.能使語言符號具趣味性、行為規範更明確、社會價值更易判
　　斷、道德觀念更具體。

4.遊戲媒體的設計製作，遊戲的方式、規則，力求簡單，由教師輔導幼兒共同設計。

5.是教學過程中將教材趣味化的一部分。

6.場地不受限制。

7.是幼兒全體的活動，人人參與遊戲。

8.教師除了站在輔導角色外，可參與活動，和幼兒打成一片。

9.不計較遊戲的勝負，重視遊戲的過程及教學目標的達成。

李駱遜（2005）則認為要判斷教學的活動是否為遊戲，有八個特質：

1.幼兒有興趣，覺得好玩，並會主動參與。

2.教師有規劃、引導，且有效達成目的。

3.遊戲過程輕鬆、有趣、新奇、刺激，且有不可預測性。

4.常以競賽方式進行，幼兒自訂規則，且須遵守規則。

5.玩法經常更新或增加其複雜性。

6.玩過遊戲，幼兒的學習可以達到認知、技能和情意的目標。

7.不同性質的遊戲會培養不同能力，如科學性遊戲能培養探索、發現等能力。

8.遊戲型態多以操作、肢體表演、歌唱表現、角色扮演、比賽等方式進行。

綜合上述，遊戲教學的特性是一種有特定目標、非純遊戲的教學方式；教學的規劃與教師的角色異於傳統的教學，雖然過程中充滿了趣味性而且輕鬆歡樂，但是每個環節都是規劃中的學習步驟。例如謎語就是一種有趣的學習方式，可以刺激語言的理解，提升兒童的閱讀理解能力（Zipke, 2008）。教師不是主導者的角色，而是引導者的身分，甚至需要適時地參與學習過程；遊戲教學是以

多元型態進行，常以競賽的方式進行，學習者不僅參與度高，更是學習的決定者。

　　自由遊戲和教學遊戲在本質上，都是強調個體在過程中獲得成長的重要性，不論是知能與體能，「遊戲中學習」仍為其核心理念，不過，由於教學遊戲仍有達成教學目標的期待，因此無法完全對學習者開放學習的自主權。教學者若採以遊戲的方式進行教學，必須考量到幼兒發展的情形，以不偏離遊戲特質為前提，設計出符合遊戲教學原則的內容，方能讓學習者在享受遊戲的過程中，達到教學者期待的教學目標。

　　不論從任何角度切入，都可以發現遊戲行為是一種個體主動尋求滿足內在需求的行為，並且享受狀態中的歡娛情緒，幼兒從中獲得了心理的滿足、技能的演練、智能的增長以及社會化的發展。雖然幼兒在自由遊戲與教學遊戲的主動性有程度上的差異，但是，二者對於幼兒發展皆有助益，尤其是對於幼兒的社會化發展，合作遊戲是幼兒學習與他人互動的最佳機會，指導式的團體遊戲亦是幼兒學習處理人際關係與個人情緒的一種方式。

幼兒遊戲

第四節　幼兒遊戲應用實務

　　Hohmann、Banet 和 Weikart（1979）曾建議，幼兒教師應提供幼兒建構性（創造性）的遊戲器材及日常生活物品，並應安排足夠的時間及空間鼓勵幼兒遊戲，同時注重幼兒的舊經驗。

　　黃瑞琴（1995）指出，為了充實幼兒的遊戲，教師須提供、觀察和參與幼兒的遊戲，適時地幫助孩子發展及延伸他們的遊戲。在提供者方面，包括時間、空間、材料、經驗等。在觀察者方面，教師要能夠成功地參與幼兒遊戲，須先進行仔細地觀察。觀察的目的有兩個：一是瞭解並提供幼兒遊戲的必要條件，如材料、時間、空間、經驗等。二是為教師的參與做準備。在參與者方面，教師參與幼兒遊戲的型態有：獨立遊戲、平行遊戲、聯合遊戲、合作遊戲四種（林哲立、邱曉君、顏菲麗合譯，2007；吳幸玲、郭靜晃譯，2007）。因此在遊戲的實務應用之前，首先應確定幼兒教師已經瞭解上述四個要素的重要性，再針對每項因素如何能影響幼兒的學習品質做更深入的探討，以期能加深幼兒教師的印象及應用能力。加強幼兒教師對幼兒遊戲的認識及訓練也很重要，教室內學習區的設計與布置，其中重點之一也是希望藉著學習環境的規劃來提升幼兒的遊戲行為層次。從學齡前幼兒認知遊戲型態來看，幼兒戲劇的表現，其遊戲行為層次很高，因此戲劇遊戲對學齡前幼兒的發展是不容忽視的，至於應如何觀察幼兒遊戲也是探討重點。以下就上述所提及的要項就教師為提供者、教師為觀察者、教師為參與者三方面，分別敘述之：

一、教師為提供者方面

包括時間、空間、材料、經驗的提供。

(一)遊戲時間

幼兒需要充分的時間進行計劃和實現更高層次的社會戲劇遊戲以及建構遊戲的情節，如此幼兒才能從容地玩。至於需要多少的遊戲時間，是依據幼兒的年齡和遊戲的技巧來決定。一般而言，在自由遊戲的時間最少需要三十至五十分鐘，這樣才能有足夠的時間，讓幼兒去找玩伴、選擇扮演的角色與計劃遊戲情節，進而豐富遊戲的內容。

學者Griffing（1983）曾力倡給幼兒自由遊戲的時間至少需要三十至五十分鐘，其所建議的自由遊戲時間也包括在戶外的遊戲場時間。Sandseter（2009）指出，戶外遊戲能培養幼兒冒險的精神。目前國內幼兒園早上九點至九點半開始其一天的教學活動，從每日例行作息中，幼兒園戶外自由遊戲時間的提供很少超過三十分鐘，基本因素有三：

1.戶外遊戲場遊戲器具數量少及可搬動的遊戲器材十分缺乏。
2.如戶外遊戲時間占三十分鐘以上，可能得犧牲分組活動或團體活動時間，老師通常不會做這樣的選擇。
3.戶外遊戲的價值仍未廣泛地被支持及肯定。

於教室內的學習區時間，一般幼兒園則大約提供二十至三十分鐘，因素也有三項：

1.學習區所提供的遊戲器材可能多樣也可能缺乏，但皆偏重技

巧性的遊戲器材，且多屬單一功能遊戲器材，因此對幼兒的吸引力也較未能持久。

2.教師在例行作息中所安排的學習區時間固定，如此也較能順利進行其他預定的活動。

3.教師尚未能重視幼兒教室內學習區遊戲的價值。

以上所提及的教室內自由遊戲時間，主要是針對開放式教學且以大單元活動設計爲主的幼兒園，未將傳統型幼兒園列入考慮，是因爲在傳統型幼稚園的教室內幾乎罕見自由遊戲的情景，因教室內擠滿桌椅，由此可看出其目的是以加強幼兒讀、寫、算能力的訓練爲主。

Mary與Barbara（2009）指出，透過幼兒在教室內的遊戲互動過程，可作爲改善教學與學習途徑的重要依據。但傳統的學業取向教學目前仍實行，此種模式並無助於學業成就，應該積極的發掘孩子的學習樂趣（Baines & Slutsky, 2009）。Kamii及De Vries（1996）也曾建議從幼兒的團體遊戲中，讓幼兒學習數學概念，比正式坐在教室內看著黑板學數學還要有效，也較有趣，是一個正確的教學方式。

以遊戲方式來教幼兒一些概念性的事物，是藉著鼓勵幼兒參與遊戲，從遊戲活動中自然習得。如果幼兒靜靜的坐著，聽一些概念的介紹，對學齡前幼兒而言，是枯燥不容易瞭解的。Vygostsky（1978）指出，學齡前幼兒尚未具有抽象的能力，因此透過語言去表達一些較抽象的概念時，效果是事倍功半。所以提供足夠的遊戲時間讓幼兒盡情地遊戲，對幼兒的學習是有幫助的。

如果教師未能每日提供三十至五十分鐘室內及戶外遊戲時間，可以將每日的十或二十分鐘自由遊戲時間節省下來，安排一週二到三次三十至五十分鐘的遊戲時間。室內學習區如果可以提供超過三十分鐘，讓幼兒在這段時間仔細思考計劃選擇的學習區、計劃

玩的內容、找玩伴、選擇角色、計劃故事情節、進行角色扮演遊戲等，有助於提升幼兒的遊戲行為層次。

　　戶外遊戲時間也能將每日的十至二十分鐘累積下來，安排一周二到三次三十至五十分鐘的自由遊戲時間，老師也儘量不要利用這些難得的戶外時間，去進行由老師安排的團體體能活動。所謂的自由遊戲是讓幼兒自由選擇要玩的遊戲器具、決定玩的方式及內容，老師可加入幼兒的遊戲或在一旁做觀察，讓幼兒成為主控整個遊戲流程的主角。

(二)遊戲空間

　　足夠的空間，也是提高幼兒遊戲品質的重要條件之一。通常，空間的安排可以幫助幼兒遊戲的進行，而幼兒比較能夠在有明確界線劃分的地點去布置理想中的遊戲情境，比較不會在開放的大空間玩社會戲劇遊戲。

　　以目前幼兒園規定的遊戲空間，扣除被桌椅及其他物品所占去的空間，剩下真正可以為幼兒使用的空間可稱得上擁擠了。一般而言，當每位幼兒的平均空間減少時，攻擊行為會顯著增加，團體遊戲也會明顯減少。給幼兒一個安全而接納的遊戲環境，幼兒可盡其所長，較能發揮潛能。提供安全、有組織、有足夠空間供嬰幼兒

探索，可提升好的認知與社會性表現（林哲立等譯，2007）。

(三)遊戲材料（教具／玩具）

　　遊戲可以使幼兒展現他們的純真天性，可以表現出他們的內心世界，是他們學習的重要途徑與方式（李芳森，2006）。幼兒在遊戲的過程中，教師隨時觀察幼兒遊戲，並視幼兒遊戲的需要，適時地增加材料、示範材料的使用方法、協助幼兒操作新材料等，以延伸幼兒遊戲的時間與擴增幼兒遊戲的內容。

　　教師應具備選擇遊戲材料（教具／玩具）的知識及能力，才能提供幼兒均衡發展的機會。在選擇遊戲材料（教具／玩具）方面，須考慮單一功能及多功能遊戲器材的特性，所選購的每樣遊戲材料（教具／玩具）皆須對該器材能產生幼兒的遊戲樂趣及增進發展的特性有所瞭解。

　　例如：遊戲材料（教具／玩具）的分類方式：

1.開放性和閉鎖性的遊戲材料：
　(1)開放性教具：即操作方法及功能多樣化的教具。如土、積木、建構片。
　(2)閉鎖性教具：即操作方法固定或是變化很少，功能也固定的教具。如拼圖、大富翁、規則性遊戲。
2.低結構性、高結構性、無結構性遊戲器材：
　(1)低結構性教具：指教具本身較無固定的形象。如積木、小方塊、樂高等。大型樂高玩具最適合年幼的孩子，除了簡單的堆疊操作之外，幼兒也可以天馬行空的為自己的作品命名
　(2)高結構性教具：指教具本身具有較固定的具體形象，用途較易受到限制。如拼圖、芭比娃娃、各種模型。以食

物模型為例：幼兒從視覺上可辨識出各種食品的名稱，因此局限了幼兒的想像空間。

(3)無結構性教具：教具本身無固定的具體形象，可讓幼兒任意建構造型。如沙子、水、黏土。一個水桶、一支鏟子便可以讓幼兒們玩沙玩得不亦樂乎。

3.單一功能和多功能遊戲材料：

(1)單一功能的遊戲器材，例如拼圖，其特性是具有增加幼兒的手眼協調及發展一對一關係的技能，並進一步瞭解部分與整體的關係。拼圖是屬於教育性的遊戲器材，因此也強調技巧訓練，玩拼圖時必須要到最後一片拼圖拼上去之後，才能有完整的成品呈現，其玩法是固定不變的。

(2)多功能的遊戲器材，例如積木，其在運用上有很大的彈性，也可用不同方式來呈現。當幼兒用積木堆疊一間房子時，隨時可以停下來，作品也在每次停下來時即可展現出來，可隨心所欲地建構其內心想像世界的景象。

單一功能的遊戲器材，在問題解決能力上較易訓練幼兒傾向

聚斂性思考（只有一種方法達到目的），而多功能的遊戲器材則訓練幼兒做擴散性思考（可藉由多種方法達到目的）。所以教師在選擇教室內學習區的遊戲器材時，要兼顧其單一功能及多功能的特性，才不失平衡之舉。

(四)幼兒的舊經驗

　　幼兒在遊戲中所進行的角色扮演，需要以幼兒先前的知識和經驗為基礎，依照他們對這些角色的瞭解，來表現出角色的特性。如果幼兒對於所要扮演的角色沒有經驗，不明瞭該角色的意義與特質，則很難再繼續進行扮演遊戲。通常幼兒對家庭內的角色較為熟悉，對於其他較少接觸的角色就較為不熟悉。因此教師可以利用如校外參觀或邀請特定的人（如不同職業的家長）到園中來為幼兒做介紹，提供幼兒不同的經驗，幫助幼兒瞭解不同的角色，以作為幼兒進行社會戲劇遊戲的預先經驗。

　　Smilansky（1968）曾指出，幼兒在同一活動的持續力達五至十分鐘，即表示該幼兒遊戲行為已達成熟。但欲讓幼兒能持續同一遊戲活動達五至十分鐘，則須考慮幼兒的先前經驗，例如：該幼兒是獨生子在家中沒有哥哥，但在玩角色扮演時，正好擔任哥哥的角色，使得遊戲很快就結束了，因此考慮幼兒的先前經驗很重要。

二、教師在觀察者方面

　　教師透過觀察可以瞭解遊戲的內容，藉由觀察幼兒在遊戲中的行為表現，可以瞭解幼兒的認知、語言、社

會等方面的發展，幼兒如何組織自己的經驗並在遊戲中表達出來，以及透過觀察，可以得知什麼是幼兒目前在意的事物，根據個別需求及興趣而參與幼兒的遊戲，進而幫助幼兒學習。

三、教師在參與者方面

在將近八十年的相關古典研究證實，遊戲可以發揮培養幼兒的思維能力，包括探索、操縱、邏輯記憶、解決問題、解釋、想像力、創新（發散思維）、表達意願等能力（Parten, 1932; Piaget, 1967; Vygotsky, 1978; Smilansky, 1968）。Ceglowski（2004）指出，幼兒教育者都認爲幼兒每天應花一部分時間從事遊戲活動，建議老師應以尊重與引導的方式讓孩子自由的玩耍。

不論是獨自遊戲、平行遊戲、聯合遊戲或合作遊戲，重要的是教師參與幼兒遊戲的時機，如果能在適當的時機參與幼兒遊戲，確實可以擴展幼兒的遊戲內容。但是如果參與的時機不適當，很可能會中斷幼兒的遊戲。因此教師如何掌握正確的參與時機，就顯得格外重要。

綜合以上論述，幼兒園遊戲課程應包括語文、常識、健康、遊戲、音樂及工作六大領域，教師在設計教學活動時應以遊戲方式

貫穿及統整其他五大領域（語文、常識、健康、音樂、工作），如此才能符合幼稚園課程設計以不分科教學為原則，同時兼顧各領域間自然統整之效。幼兒遊戲需要更多學者、專家及社會大眾的瞭解與支持，並確認遊戲是幼兒學習的一種正確方法，教師在教學時更要做到教學遊戲化，讓幼兒可以在遊戲中學習各項技能。

參考文獻

一、中文部分

李芳森（2006）。〈提早學習與兒童遊戲──當前親職的兩難抉擇〉。《幼兒保育學刊》，4，63-78。

李駱遜（2005）。〈「生活課程」的教與學：以國小一年級遊戲教學為例〉。《國教學報》，17，101-125。

吳幸玲、郭靜晃譯（2007）。《兒童遊戲──遊戲發展的理論與實務（二版）》。台北市：揚智。

林美珍、黃世琤、柯華葳（2007）。《人類發展》。台北市：心理。

林哲立、邱曉君、顏菲麗合譯（2007）。《人類行為與社會環境》（二版）。台北市：雙葉書廊。

林嘉玲（2000）。《數學遊戲融入建構教學之協同行動研究》。國立花蓮師範學院國小科學教育研究所碩士論文。

高敬文、幸曼玲譯（1999）。《幼兒團體遊戲：J. Piaget理論在幼兒園中的應用》。台北縣：光佑。

黃瑞琴（1995）。《幼稚園的遊戲課程》。台北市：心理。

黃志成、王淑芬、陳玉玟（2008）。《幼兒發展》。台北市：揚智。

黃志成、高嘉慧、沈麗盡、林少雀（2008）。《幼兒保育概論》。台北市：揚智。

歐莓芋（2004）。《遊戲教學應用於國小環境教育之研究》。國立台中師範學院環境教育研究所碩士論文。

蔡淑苓（2004）。《遊戲理論與應用：以幼兒遊戲與幼兒教師教學為例》。台北市：五南。

二、英文部分

Baines, L. A. & Slutsky, R. (2009). Developing the sixth sense: Play. *Educational Horizons*, 87(2), 97-101.

Ceglowski, D. (2004). Understanding and building upon children's perceptions of play activities in early childhood programs. *Early Childhood Education Journal,* 32(2), 113-119.

Frost, J. L. (1992). *Play and Playscapes.* Albany, N.Y.: Delmar Publishers Inc.

Hohmann, M., Banet, B., & Weikart, D. (1979). *Young Child in Action.* Ypsilanti, MI: High/Scope Press.

Johnson, J. E., Christie, J. F., & Yawkey, T. D. (1987). *Play and Early Childhood Development.* Glenview, Ill: Scott.

Kamii, C. & De Vries, R. (1996). *Group Games in Early Education: Implications of Piaget's Theory.* Washington, D.C.: National Association for the Education of Young Children.

Mary, A. B. & Barbara, A. W. (2009). Monitoring classroom behavior in early childhood: Using group observation data to make decisions. *Early Childhood Education Journal. Springer Netherlands,* 36(6), 475-482.

Parten, M. B. (1932). Social participation among preschool children. *Journal of Abnormal and Social Psychology,* 27, 243-269.

Piaget, J. (1967). *Play Dreams and Imitation in Childhood.* New York: Norton.

Sandseter, E. B. H. (2009). Affordances for risky play in preschool: The importance of features in the play environment. *Early Childhood Education Journal, 36*(5), 439-446.

Smilansky, S. (1968). *The Effects of Sociodramatic Play on Disadvantaged Preschool Children.* New York: Wiley.

Vygotsky, L. S. (1978). *Mind in Society: The Development of Higher Mental Processes.* Cambridge, MA: Harvard University Press.

Zipke, M. (2008). Teaching metalinguistic awareness and reading comprehension with riddles. *The Reading Teacher,* 62(2), 128-137.

第八章

幼兒遊戲的觀察與記錄

▸ 遊戲的軼事記錄
▸ 遊戲的觀察量表與記錄

翰翰是幼兒園四歲的幼兒，老師想要瞭解他每天晨光活動——自由遊戲時間做些什麼？老師發現他每天早上幾乎都在娃娃家玩，但是卻沒有玩扮演遊戲。老師利用Smilansky（1968）的社會戲劇遊戲量表（參看本章第二節）觀察他數天。這量表可以讓我們瞭解幼兒玩戲劇遊戲時，哪些是高層次的社會戲劇遊戲行為，哪些不是。在分析整個量表之後發現，翰翰有能力進行角色扮演遊戲及使用玩物進行表徵轉換能力（例如，利用寶特瓶當話筒，假裝在講電話），翰翰也常常使用符合其角色的語言行為（利用電話假裝溝通）。但是，此量表卻顯示翰翰較少與同儕互動，也沒有後設溝通能力與同儕一起規劃及組織遊戲情節。翰翰似乎缺乏參與團體戲劇遊戲的語言及社會技巧。從這些遊戲觀察的資料分析，老師決定幫翰翰找一個玩伴（社會遊戲技巧能力比較好的幼兒）來鷹架翰翰的社會遊戲技巧，在一個月後，老師發現翰翰在娃娃家時有比較多與同儕互動的頻率，在社會互動技巧上也漸漸有進步。在兩個月後，老師發現翰翰可以與其他小朋友一起參與社會戲劇遊戲，而且是參與社會戲劇遊戲的好手。

　　觀察的產生，開始於觀察者留意到某人或某事件，然後集中注意力在某人或某事件上，同時也注意到可能會影響觀察對象的任何環境因素（廖信達，2008）。遊戲觀察是瞭解幼兒遊戲的主要途徑，透過觀察，父母或老師可以瞭解幼兒的遊戲興趣，包括互動的玩伴、喜歡參與的遊戲型態、所偏好的玩具及遊戲設備、喜歡在什麼地點玩，以及所玩的戲劇遊戲的主題有哪些。從其中可以發現幼

兒遊戲發展的層次，以及幼兒在不同的遊戲中何者表現較好？何者表現較差？由此可以進一步去評估應提供幼兒何種協助，以豐富幼兒的遊戲內容及提升幼兒遊戲行為的層次。以上的例子，老師先透過晨光活動——自由遊戲時間進行遊戲行為的觀察，透過觀察，老師才決定是否要協助並參與幼兒的遊戲，尤其上述翰翰的例子，可以清楚的看到老師如何運用策略幫助翰翰提升遊戲行為的品質。

　　遊戲行為是一種非常複雜的現象，尤其當一群幼兒一起在玩遊戲時。為了從幼兒之遊戲行為，瞭解其個別行為之意涵，觀察必須要用有系統的方法，也就是觀察者必須瞭解你所要觀察的行為是什麼，要有觀察記錄來蒐集行為訊息。觀察必須是客觀的，可以反映幼兒真正的遊戲行為。

　　至於要用什麼方法來觀察幼兒的遊戲行為，可以參考一些準則來幫助我們，如此可以更精確的觀察幼兒遊戲行為（吳幸玲、郭靜晃譯，2003）：

1.事先決定你要瞭解何種遊戲行為，並選擇一種適當方法來配合你的目的。

2.儘量嘗試在幼兒之遊戲情境中進行觀察，要允許幼兒可以呈現各種不同的遊戲能力。確信玩物要足夠，才可以導引幼兒之遊戲行為，例如：動作遊戲（攀爬架、球、有輪子的玩具）、建構遊戲（積木、拼圖、堆疊套組玩具、樂高、雪花片）及戲劇遊戲（娃娃、扮演道具、衣服、與主題有關之道具箱）。除此之外，也需要有足夠的時間讓孩子發展更高層次的遊戲行為。有時候幼兒沒有遊戲行為，不是因為他們沒有遊戲技巧，而是他們沒有玩物與時間之資源。

3.如果可能，儘量在室內及戶外觀察幼兒之遊戲行為。研究指出：有些幼兒在戶外比在室內有更多的社會及認知遊戲。

4.直到幼兒有機會認識同伴及熟悉學校環境之後，才進行觀
　察。幼兒與熟識的同僑在一起有較多的社會與認知遊戲，如
　果在開學時就觀察幼兒的遊戲，其結果會有低估幼兒真實遊
　戲的能力。同樣地，如果孩子是轉學生，也有同樣的情形。

5.要常常觀察幼兒的遊戲行為，來確信行為是否為典型行為或
　有其代表性。不能以單一觀察的行為就來作為幼兒的行為判
　斷標準。幼兒有時也會與他不熟悉的同僑一起玩或玩他不感
　興趣的玩物。生病、家中的問題或其他暫時的狀況（如鬧脾
　氣）皆可能會影響幼兒的行為。儘量將觀察的時間間隔拉
　大，或用系統（隨機）抽樣方式，儘量將抽樣觀察隨機化，
　以減少暫時性或誤差性的行為結果。一星期有二至三次的觀
　察間距是最起碼的，所以利用多天、多次的觀察來沖抵抽樣
　的誤差是需要的。

　　本章將介紹幼兒遊戲觀察常用的方法：一種是以描述性的軼
事記錄（anecdotal record）法及量化觀察的觀察量表法。軼事記錄
法是觀察者只要使用一張紙或空白欄來描述幼兒的遊戲行為，它比
觀察量表法的觀察來得費時、費力，但是可獲得更多幼兒遊戲的脈
絡訊息。反之，觀察量表法是屬於高結構性，有特定的觀察行為及
如何觀察的限制，使用快速且容易，所蒐集的資料較適合量化分
析，但本身缺乏行為之脈絡訊息。因此，遊戲觀察者必須在方便與
資料豐富性之間，選擇適當的方法進行遊戲觀察。

第一節　遊戲的軼事記錄

一、軼事記錄的意涵

　　係指直接觀察學習者的行為、表現、習慣，以文字敘述的方式，有系統地描述記錄有意義的重要事件（周文敏，2004）。在直接觀察記錄法中，軼事記錄是最容易使用的方法，也是幼兒園教師最常使用的一種記錄法，而且行為觀察是教師重要的專業能力（黃意舒，2008）。Jacobs（2004）認為軼事記錄方式最能真實記錄幼兒行為，讓老師瞭解幼稚園幼兒的認知學習狀況，幫助幼兒的成長發展。吳淑蘭（2006）運用軼事記錄策略，包括研究日誌、教師札記、教學記錄、活動錄影資料、訪談錄音資料、幼兒作品及相關文件資料作為幼兒行動研究主要分析之依據。只要觀察者有一支筆和紙，隨時看到值得或感興趣的行為都可以記錄下來，它不需要事先設計好的表格，也不需要對所要觀察的行為做定義，或使用觀察代碼等。Goodwin與Driscoll（1982）舉出軼事記錄的五個特性（引自廖信達，2008）：

1.直接觀察幼兒，不以道聽塗說為記錄根據。
2.正確、迅速與詳細的描述記錄。
3.例行幼兒行為發生的前後，說明行為的背景與情境。
4.所觀察的行為可以是一般的或特殊的行為。
5.觀察者要做任何的推論或解釋無須再敘述，因為記錄本身很清楚。

　　曾葆賢（2004）運用軼事記錄來作為探討發展遲緩幼兒與同儕互動及影響因素、能力成長與主動性互動之研究，作為幼兒園所推動融合教育和規劃學習區教學之參考。林惠琴（2008）以軼事記錄蒐集資料，探究發展遲緩幼兒與同儕間互動之方式及改變，來激發在活動中的主動參與度。Boyd-Batstone（2004）指出，軼事記錄是一種真實的標準記錄，事實的觀察與記錄，提供教師作為教學方式的參考依據。Kirkey（2005）認為，軼事記錄是提供教師修正教學與增進幼兒學習自信的重要觀察記錄。專家也透過軼事觀察記錄來作為研究幼兒的學習優勢與弱點（Klingner, 2004）。陳燦豐（2004）認為專業觀察能力的培養，是需要經過訓練與實習的，為此建議園所內教師透過軼事記錄的書寫，以循序漸進的方式，分為四個階段練習，將每個階段的觀察重點框架出來，方便教師按部就班的練習。注意事項為：

　　1.忠於事實的記錄。
　　2.主客觀的相互驗證。
　　3.摘要行為意義。
　　4.提出假設性解釋。

二、遊戲軼事記錄

(一)軼事記錄

　　所謂軼事記錄指的是以觀察者的角色，教師觀察到學生重要的行為事件或不尋常的行為，以簡短的敘述方式寫下，對所觀察到的事件加以描述，須盡可能在事件發生後立即加以記錄。這種記錄就稱為軼事記錄，而此活動即是軼事記錄法。一個好的軼事記錄，須

表8-1　為遊戲軼事記觀察記錄

> 姓名：臻臻　日期：99.03.01
> 臻臻和翰翰在晨間自由遊戲時間到益智區來報到，他們先探索教材，臻臻問老師玩法之後，最後他們還是用自己的玩法，把「記憶遊戲」的圖卡當成「撲克牌」來玩，臻臻則是配合著翰翰的玩法，找出和翰翰所出的圖卡一樣的圖卡來。

詳實客觀描述所觀察的事件，忠實呈現事件發生的情境、時間、地點、事件發生的前因以及相關的行為及語言表現，軼事記錄可以用來說明遊戲時所發生的重要事件，這些事件揭露了幼兒遊戲的能力，以及他們整體的社會、認知、學業與肢體發展等，並避免個人對事件的詮釋混淆了事實。教師可以更瞭解幼兒，同時也有助於未來教師對於幼兒的瞭解。

進行「遊戲軼事記錄」時，應注意的事項就有許多包括事前的準備及詮釋，如：

1.每次僅敘述及評論一個事件。
2.事件發生後盡快做記錄，包括日期、特殊的細節及事件發生的先後順序。
3.將事實與解釋分開，事先設計記錄的格式，以便利用期間的區隔。
4.考慮納入其他支持的證據（例如：學生活動情形或作品的照片）。
5.提供有關情境的資訊。

(二)使用軼事記錄的一般原則

對教師而言，剛開始使用軼事記錄會遭遇一些困難。例如，如何選取重要事件？如何正確觀察？如何客觀描述？在剛開始使用

軼事記錄時，一些專業的訓練和練習是必要的。隨著經驗的累積，教師應能學會有效的使用軼事記錄。以下則是使用軼事記錄的基本原則：

■ 事先決定所要觀察的是什麼，但同時留意不尋常的事件

教師在擬定教學計劃時，應同時思考如果幼兒達到教學目標，那麼幼兒應有哪些特性？在這些特性當中，有哪些只能經由日常觀察才能有效的加以評量？預先設定觀察的焦點，可以使得教師得到關於幼兒學習的有用訊息。不過如果焦點過於集中，可能因而忽略不尋常的事件。因此，學習彈性取捨觀察的廣度與深度是相當重要的課題。

■ 避免過度的推論

觀察幼兒時最好能忠實記錄事件發生的狀況，避免使用帶有判斷性質的用語，如小明表現了「不好」的行為。從觀察中充其量只能讓教師對幼兒的狀況形成暫時性的解釋，而非對幼兒的行為下結論。換言之，從觀察對幼兒所形成的印象，須有進一步其他資料的佐證。因此，寫軼事記錄時，對事件的描述和對事件的解釋必須清楚的分開。在解釋時，應特別注意避免過度的推論。要暸解幼兒行為的意義，教師有必要在不同情境下觀察，重複多次觀察，並且多方蒐集其他資料，才能有效解釋行為的意義。

■ 做記錄時，須兼顧正向與負向的行為，並儘可能在觀察後立即做記錄

教師以觀察估計幼兒的成就時，經常容易高估學習成就。這是因為老師問題時，會的幼兒回答問題容易吸引老師的注意力，因而忽略尚未學會的內容。相反的，在觀察幼兒的性格時，教師對於干擾教室秩序的行為通常賦予較多關注。從評量的觀點，能夠真

實反應幼兒的現狀是相當重要的。所以，教師應同時兼顧正向與負向行為的觀察與記錄。為了避免事件的遺忘，教師應儘可能在事件發生後簡單加以記錄，並在當天完成該軼事記錄。

■每件軼事記錄本身須包含完整的訊息

記錄事件發生前及發生當下的情境，有助於日後看軼事記錄者正確解讀事件。由於軼事記錄可能和其他記錄分開閱讀，因此在敘述時有必要說明所觀察事件是否為典型行為，並且陳述與此行為的相關傾向。

■每件軼事記錄應以單一幼兒的單一事件為單位

如果必須描述數個學生的行為，則應另行記錄。

(三)軼事記錄的優缺點

■優點

觀察者可以很容易，隨時隨地的使用軼事記錄。觀察者只要認為值得記錄或有興趣的主題，都可以記錄下來，同時也不需要觀察者當場記錄，只要注意事情的內容與過程，在稍後方便的時間記錄即可。

1. **能夠瞭解幼兒在自然情境下的行為**：如果我們想要知道幼兒是否學會與人分享，觀察他實際的行為比測驗幼兒能否回答以下的是非題：「好孩子應懂得與人分享」，更能反映幼兒的學習狀況，很多情意方面的評量必須仰賴日常的觀察。

2. **具有很大的彈性**：教師可根據前一刻觀察的結果，隨時調整或修正未來觀察的重點或方向。對於年紀較小的孩童或是缺乏溝通技巧的幼兒，軼事記錄也特別適用。當其他評量方式

都不可行時，軼事記錄便顯得特別重要。

3. 能使教師更勤於觀察幼兒並注意到不尋常卻具高度意義的事件：例如，一向膽怯的幼兒突然主動在課堂上發表他的助人策略，或是一向很聒噪的幼兒今天突然變得很安靜。由於這類事件出現頻率較低，往往容易為其他評量方式所忽略。教師若有做軼事記錄的習慣，會對此種不尋常但重要的行為的出現有較高的警覺性。

■缺點

軼事記錄雖然容易記錄，但觀察員如果缺乏基本的觀察訓練，還是很容易記下主觀的資料，或描述內容沒有掌握到重點，軼事記錄法的缺點說明如下：

1. 記錄軼事記錄相當費時費力：教師在繁重的教學工作之下，很難做完整的軼事記錄。

2. 只能觀察到幼兒自發性的行為：幼兒未表現某些行為可能是因為沒有適當的時機讓他表現，或是因為教師觀察的時間有限，因而只觀察到有限的行為樣本。

3. 容易受到教師主觀涉入的影響：理想上軼事記錄應忠實記錄發生的事件，但是不可避免的，教師的偏見常會影響他的觀察。教師可藉由訓練減低偏見的影響，但是卻不可能完全排除。因此，教師的自省能力就顯得十分重要。教師應時時注意自己在觀察時可能有的偏見，區分所觀察到的事件以及對事件的詮釋。時時自問同樣的觀察結果，是否會因發生在不同背景或性別的幼兒身上，而有截然不同的意義？

軼事記錄法的優缺點整理如**表8-2**所示。

表8-2　軼事記錄法的優缺點

優點	1.容易學習，即使是新手也可以很快熟悉，而且只需要筆和紙。 2.記錄的內容包含遊戲行為發生的情境，因此可以提供教師瞭解幼兒遊戲行為。 3.以說故事的方式敘寫是相當吸引讀者（父母或行政主管等）的方法，很適合作為分享溝通的主題。 4.進行軼事記錄時，教師可以持續觀察幼兒的活動，不需要抽身離開。 5.可以針對一般行為或特殊表現記錄與環境的關係。
缺點	1.軼事記錄常常是一件特殊事件，並不能作為幼兒一般行為的代表。 2.由於記錄的內容選取是由觀察員來決定，因此難免會有主觀的選擇。
適用時機	1.不限，任何觀察幼兒的時間都可以記錄。 2.當幼兒表現不尋常的行為時，軼事記錄可以提供較多的情境資料作為參考，以瞭解幼兒發生此行為的狀況與模式。

　　軼事筆記可用許多不同的材料來寫。Wood和Attfield（1996）建議老師用黏貼筆記（利可貼）來記錄，以便記錄日期及主要幼兒的名字，更能在日後貼在其記錄簿上，以作為孩子的觀察記錄文件。老師用資料卡做記錄時，可以將學生名字寫在一角（通常寫在資料卡下邊），而且要讓名字容易被看到。當老師觀察幼兒在遊戲時有一些重要事件發生，老師可以抽出幼兒的卡片，沿著所記載的日期，記錄幼兒的遊戲行為。當卡片記滿之後，再夾在幼兒的檔案中，再換一張新中，以此類推。

　　假如幼兒在遊戲時，老師來不及記載幼兒所發生的遊戲活動，那麼老師可以在遊戲之後寫花絮。花絮是重要事件的回憶錄，除了是用過去式的口吻來寫之外，和軼事記錄雷同。因為花絮是在遊戲結束之後書寫，老師可以更專心於活動之中，因此花絮通常比軼事記錄來得詳細，而老師可以在自由時間不被干擾之下，將遊戲行為及兒童發展情形做個聯結。但在遊戲事件結束之後立刻撰寫花絮是一個很好的主意，否則停頓的時間愈久，重要的資訊將忘得愈多。

三、記錄遊戲的科技器材

　　數位相機在幼教課程中經常被拿來使用，以作爲強化課程和文件記錄之用。數位照片可以快速下載到教室裡的電腦和列印出來，由於具備標準化的輸出規格（3×5或4×6英寸），在品質方面可以獲得控制，如此將可以免除去照相館、下車與等待取片的麻煩。數位錄影機甚至可以傳輸到電腦由老師自行編輯，幾年前錄影編輯，仍是非常昂貴，而且需要專業培訓，但目前新的錄影編輯課程已非常容易學習。

　　幼兒教師或成人如果想要蒐集遊戲行爲的視覺表徵，也會使用照片做記錄。圖像是一個豐富的資訊來源，可以提供一些有關某事件的珍貴細節，以彌補其他描述性的觀察資料、檢核表及評量表的不足。使用照相機時，應以觀察筆記作爲輔助說明，而拍出來的照片可以和其他老師或父母分享，也可以用來作爲幼兒行爲差異的佐證資料。我們可以用數位相機來記錄幼兒在一段短時間內所表現

的行為和發展順序，但是記得要在照片旁邊加上註解，以說明照片的意義。

　　拍攝遊戲不應該是隨機的。每當決定拍攝時，應該將理論觀點與特定意圖考量進去。如果攝影師對理論與目標有所瞭解，對於捕捉鏡頭時會更有把握，所拍攝的照片也會更有用途且更具意義。拍攝時應該抓住遊戲發生的關鍵時刻，以發揮這個觀察工具的最大效益。舉例而言，攝影的一個瞬間與實務的照片應該提供一個省思空間，來探究不同遊戲水準或狀態的變化情形。

　　錄影器材在家裡和學校是很普遍的，不過現在它也逐漸成為教室中的標準配備。黃淑蓮（2006）就以錄影方式觀察幼兒的互動過程進行研究。蔡孟恂（2007）也由錄影、錄音的方式進行資料蒐集，觀察記錄說故事及遊戲活動對幼兒的影響。Aldersson與McEntee-Atalianis（2008）更以手提電腦作以軼事記錄的工具，以記錄兒童的學習過程，作為教學的參考依據。就像數位相機一樣，錄影機也可以使用在評量與教學上。為了輔助觀察幼兒遊戲，這種器材有下列幾種使用方式。首先，老師可能會質疑：「我怎麼有時間做系統性的遊戲觀察？」錄影器材為這個問題提供一個解決策略。一部錄影機可能被架在三腳架上，並且瞄準某個遊戲區（例如扮演區），如此一來，便不需要老師太多的關注，打開電源就可以記錄持續進行中的遊戲。事後老師在時間允許時，可以將錄影資料倒帶並且觀看。其次，錄影記錄可能比觀察者所做的記錄提供更詳細的資料。同時除了呈現遊戲類型之外，錄影資料也會呈現遊戲的情境，包括幼兒遊戲的材料、遊戲時所發生的社會互動，以及所使用的非語言和語言行為。

第二節　遊戲的觀察量表與記錄

　　遊戲的觀察量表是對遊戲行為取得「量」的方法。觀察者利用事前設計好的觀察量表，在觀察時於遊戲行為的項目上，以打勾或畫記方式做記號，觀察者相較於描述性的記錄，可以在比較短的時間蒐集到更多的資料，而且資料很明確，可獲得各種遊戲行為的明確次數。

　　以下將特別選三種適合幼兒教師及父母使用的遊戲觀察量表：一、Parten／Piaget的社會／認知量表（Social Cognitive Scale），可廣泛觀察幼兒的社會及認知遊戲；二、Howes的同儕遊戲量表（Peer Play Scale），是針對幼兒社會遊戲的瞭解而設計的；三、Smilansky的社會戲劇遊戲量表（Sociodramatic Play Inventory, SPI），可觀察幼兒群體玩戲劇遊戲的層次。這些量表共同的特點是容易使用，並且可以用來幫助成人豐富的遊戲行為。成人要觀察幼兒的遊戲行為時，在選擇上述的三種量表要基於使用的目的。社會／認知量表可幫助成人瞭解幼兒大略的遊戲行為模式，這是一種行為篩選量表，可以通盤瞭解幼兒的認知與社會之行為模式。假如Parten／Piaget的社會／認知量表指出幼兒缺乏社會遊戲層次，那觀察者可再利用Howes的同儕互動量表，來蒐集更多關於幼兒社會層次遊戲的資料。如果一個四、五歲的幼兒在此量表發現團體戲劇遊戲出現的比較少，那麼觀察者就可利用社會戲劇遊戲量表來進一步瞭解孩子缺乏哪一類技巧。

一、Parten／Piaget的社會／認知量表

對幼兒遊戲的行為觀察，最早是針對個別幼兒。至於針對一群幼兒遊戲行為的觀察，最早始於Andrus。然而普遍被使用的則是Parten所發展出來的社會遊戲量表。在第二章遊戲理論中提及幼兒的遊戲是同時朝不同方向發展的，例如，隨著年齡的成長，幼兒會愈來愈社會化。他們會逐漸發展較高層次的認知遊戲，如建構性遊戲、戲劇性遊戲及規則性遊戲。最後所形成的量表為Parten/Piaget量表，共有十二種遊戲種類（見**表8-3**）。

父母或老師在評量幼兒的遊戲發展時，將會發現到Parten/Piaget的遊戲行為觀察量表是一個很好用的工具，而且容易瞭解與操作。此量表使用步驟如下：

1. 先瞭解各種遊戲及非遊戲活動種類的定義（見**表8-4**），可幫助觀察者鎖定那些特定的行為，也對非遊戲活動下了定義。在實質中曾有下列情形：幼兒在活動室看故事書、幫植物澆水，那這幼兒的行為是屬於何種遊戲種類呢？有了非遊戲種類定義，我們就可以很清楚地將這些行為加以記錄。

表8-3　遊戲中社會／認知的組成因素

認知層次／ 社會層次	單獨遊戲	平行遊戲	群體遊戲
功能性	單獨─功能性	平行─功能性	群體─功能性
建構性	單獨─建構性	平行─建構性	群體─建構性
戲劇性	單獨─戲劇性	平行─戲劇性	群體─戲劇性
規則性	單獨─規則性	平行─規則性	群體─規則性

資料來源：吳幸玲、郭靜晃譯（2003）。

表8-4　Parten／Piaget之社會／認知量表分類之定義

■認知層次（cognitive levels）
1.功能遊戲：重複性肌肉活動，可能是玩一種東西，但也可能沒有。例如：(1)跳、跑；(2)收拾或倒出東西；(3)操弄玩物；(4)無規則的遊戲（有點類似遊行）。
2.建構遊戲：使用些玩具（積木、樂高、堆疊套組玩具）或玩物（沙、黏土、顏料）來做一些東西。
3.戲劇遊戲：角色扮演或想像轉移，如(1)角色扮演——假裝為媽媽、爸爸、嬰兒、妖怪、司機或店員等；(2)想像轉移：假裝在開車（用手臂揮動做開車狀）或使用筆來當針筒，做打針動作（物品的使用）。使用真實物品的玩具模型（玩具車、玩具熨斗）並不算戲劇遊戲，除非有角色取代或有想像轉換才算是戲劇遊戲。
4.規則遊戲：遵循可瞭解、認同及接受的規則來進行遊戲，如象棋、跳棋、井字遊戲等。
■社會層次（social levels）
1.單獨遊戲：自己一個人玩玩物，與其他人沒有交談等任何社會互動。
2.平行遊戲：與旁邊的幼兒玩相同或類似的玩具和遊戲，但他們彼此卻沒有進一步交談。
3.群體遊戲：大家一起玩，當中有角色的分配，並用各種不同的玩物。
■無所事事／旁觀／活動轉移
1.無所事事的行為：例如，在室內東張西望，有時撥弄鈕扣，玩玩口袋，偶爾跟隨大人背後走動，卻不拿玩具玩。
2.旁觀：當其他幼兒在玩時，他只在一旁觀看，偶爾向正在玩的幼兒提供意見或交談，但自己不參與遊戲。
3.活動轉移：從一個遊戲活動轉到另一個遊戲活動。
■非遊戲活動
必須套入既定模式的一些活動，如學習行為、教師指定的功課等。像塗色、做作業、電腦、教育玩具（Montessori的穿鞋帶），通常被視為非遊戲的活動。

資料來源：吳幸玲、郭靜晃譯（2003）。

2.準備觀察記錄紙來記錄幼兒的遊戲行為。每一位幼兒都有自己的觀察表，記錄紙（如表8-5），有十二種細格，可讓觀察者觀察社會層次（單獨遊戲、平行遊戲及群體遊戲）及認知層次（功能性、建構性、戲劇性及規則性），以及無所事事、旁觀的兩種非遊戲行為活動。

3.最後一個步驟，以抽樣原則抽取觀察的時間及次數，確定觀
　察的系統。以十五秒爲一觀察時間間隔，這個時間可使觀察
　者瞭解幼兒正進行的是哪種遊戲，但卻也短到在一個觀察間
　隔時間內，遊戲者不太可能改變他的遊戲形式。每次觀察之
　前先以隨機的順序安排好觀察每位幼兒的順序。每次觀察一
　位幼兒的時間是十五秒，在第十五秒結束時馬上記錄，也可
　以預留五秒鐘做記錄，接著觀察第二位幼兒。待所有的幼兒
　被觀察完畢，即可開始第二輪的觀察。待每位幼兒被觀察
　二十至三十次之後，即可大約看出遊戲行爲的型態（Johnson
　et al., 1987）。例如，有一幼兒正與其他幼兒一起玩積木建構
　遊戲玩具，這是典型的群體—建構遊戲，所以在記錄表上的
　群體建構欄上畫記。完成觀察後，換第二位幼兒進行觀察，
　以此順延，每位孩子皆以十五秒爲一次行爲觀察的時間。

表8-5　**Parten / Piaget 遊戲觀察記錄紙**

名字：		觀察日期：			
社會層次遊戲	認知層次				
	認知＼社會	功能性	建構性	戲劇性	規則性
	單獨				
	平行				
	群體				
	無所事事／旁觀／轉換			活動	
非遊戲行為					

資料來源：Johnson, Christie, & Yawkey (1987)，引自林少雀、黃志成（2009）。

　　下列是利用Parten／Piaget量表來記錄遊戲行為的例子，共有十五種觀察行為：

1. 在娃娃家的兩個孩子都在玩煮飯的遊戲，準備晚餐。他們知道對方在做什麼，但兩人之間並沒有互動（平行－戲劇遊戲）。
2. 幾個幼兒在教室中追來追去，彼此嬉鬧（團體－功能遊戲）。
3. 某一幼兒構築積木房子，沒有其他幼兒在一旁（單獨－建構遊戲）。
4. 有一些孩子在玩「倫敦鐵橋垮下來」（團體－規則遊戲）。
5. 三個幼兒在地板上用樂高排「無敵鐵金剛」，三人都做同樣的活動，但彼此沒有互動（平行—建構遊戲）。
6. 上述第五種活動中，幼兒利用「雷射槍」互相射擊，並假裝在打仗（團體－戲劇遊戲）。
7. 一幼兒用玩具電話假裝自己在打電話（單獨－戲劇遊戲）。
8. 一幼兒在娃娃家看其他幼兒玩（旁觀行為）。
9. 一些幼兒在圖書角看故事書（非遊戲活動）。
10. 兩個幼兒在地板上用手推玩具，發出「隆隆」的聲響，彼此無互動及想像遊戲（平行－功能遊戲）。
11. 三位孩子以醫院道具玩醫生、護士扮演遊戲，幼兒甲當醫

生、乙當護士，丙是病人（團體－戲劇遊戲）。

12.一幼兒在地板上拍球，另一些孩子在一邊玩建構積木，並不參與這幼兒的活動（單獨－功能遊戲）。

13.一幼兒自己在教室內徘徊，沒有做特定的事（無所事事）。

14.一些幼兒以積木建築高速公路（團體－建構遊戲）。

15.兩個孩子在科學角餵天竺鼠吃東西（非遊戲活動）。

　　表8-6是利用Parten／Piaget量表登錄以上的十五種行為，在正式應用中，應利用畫記方式而非用數字來描述。

表8-6　Parten/Piaget之登錄例子記錄

名字：吳亞辰		觀察日期：99.3.2		
社會層次遊戲	認知 社會	認知層次		
		功能性	建構性	戲劇性	規則性
	單獨	(12)丟球	(3)積木建構	(7)打電話	
	平行	(10)推玩具車	(5)建構鐵金剛	(1)準備晚餐	
	群體	(2)追逐	(14)建構高速公路	(6)機器人打仗 (11)醫院	(4)倫敦鐵橋

	無所事事／旁觀／轉換		活動	
非遊戲行為	(8)看別人在娃娃家玩 (13)徘徊		(9)看故事書 (15)餵黃金鼠	

二、Howes的同儕遊戲量表

　　Howes（1980）發展了一個觀察幼兒社會遊戲行為的量表，即是同儕遊戲量表。在此量表中將遊戲行為分為六個層次，層次一及

層次二的階段屬於平行遊戲的種類，是非社會性、非互惠性及非語言性的層次；另四個階段是同儕互動的層次，從層次三開始，幼兒的同儕互動逐漸轉換成高層次的協調階段，特別在層次六：複雜的社會假裝遊戲中提到，幼兒執行一具社會角色及情節的假裝扮演，並且有後設溝通的情節。後設溝通是幼兒暫時離開其所扮演的角色，並且重新規劃遊戲情節再進行整個遊戲。以下說明遊戲行為的六個層次（吳幸玲、郭靜晃譯，2003）：

層次一：簡單平行遊戲

幼兒在附近一起玩相似的活動，彼此沒有眼神接觸或進一步的社會互動行為。例如：幼兒在娃娃區各自玩自己的炒菜遊戲，忽視他人的存在。

層次二：彼此注意的平行遊戲

幼兒互相靠近玩類似的活動，彼此有眼神上的接觸，雖然沒有社會互動，但意識到對方的存在，也就是層次一：簡單平行遊戲的遊戲內涵再加上眼神的接觸。例如：幼兒在娃娃區除了炒自己的菜之外，還會看別人的鍋子裡面有什麼。

層次三：簡單社會遊戲

幼兒間有社會行為的互動，包括語言溝通、提供或接受玩物、微笑、身體接觸及攻擊行為等，然而彼此的活動並無相互協調。例如：原本自己在炒菜的幼兒會忽然拿走其他在炒菜的幼兒的鍋子、鏟子或盤子，可能會引起小衝突與爭執。

層次四：共同意識的互補／互惠遊戲

　　幼兒從事一些遊戲活動，彼此的行為是有相互關聯的，但幼兒的交談或其他社會互動交流的出現並不頻繁。例如：輪流共用某幾種炒菜的工具，或是拿自己的工具與同儕互換。

層次五：合作性社會假裝遊戲

　　此層次的幼兒不僅有簡單的社會行為，更能夠意識到其他同儕的遊戲彼此互惠，而且彼此的語言溝通較為頻繁。同時幼兒已經能計劃活動的內容、分配角色、共同合作遊戲，但是在此層次的互動中，幼兒的語言受限於其所扮演的角色，只有做假裝的溝通。例如：幼兒一起玩炒菜的遊戲，有的幼兒洗菜、有的幼兒炒菜、有的則當老闆。

層次六：複雜的社會假裝遊戲

　　幼兒執行一具社會角色及情節的社會戲劇遊戲，並且有後設溝通的情節。後設溝通是幼兒暫時離開其所遊戲的角色，並且重新規劃遊戲情節再進行整個遊戲。後設溝通之交換，可以讓整個遊戲

重新規劃及組織，以便遊戲能有更高層次之社會互動。例如：原本當炒菜的幼兒停止了這個炒菜的角色，想要去當可以點菜的顧客，便要另一位幼兒來當炒菜的人，並告訴他要做什麼。

由Howes發展的同儕遊戲量表可知，幼兒的遊戲從層次三開始會與同儕互動及互惠，彼此間會有簡單的互動與交集，會意識到其他幼兒的遊戲，並且有語言上的溝通與討論，逐漸也會共同合作進行遊戲，而且遊戲的內容漸趨複雜，隨著遊戲的層次愈高，愈需要以協商、後設溝通的策略來重整與規劃社會戲劇遊戲的內容。其中特別是在層次六提到，用後設溝通的方式來組織整個遊戲的進行，可知後設溝通的策略，在幼兒的社會戲劇遊戲中有其特別的重要地位，也是幼兒與其他同儕溝通協商的策略。

同儕遊戲觀察量表的使用方法：第一，先決定要觀察之特定幼兒，如同之前所述，先找到社會互動較少或層次較低（先由Parten／Piaget之社會／認知量表中找出）。其次，用系統方法觀察此目標幼兒一段時間來確信其同儕互動水準，將此幼兒之遊戲記錄在此量表中，並可附加是否有成人共同參與及在那裡玩，玩什麼玩物。最後，再用統計計量計算其百分比並做圖呈現其遊戲行為層次的比例。

在記錄表中可以記錄幼兒六個層次的社會互動情形及技巧。假如幼兒僅參與平行遊戲，那成人可進一步推測：幼兒是沒有社會意識（層次一）或有社會意識（層次二）。假如幼兒有參與團體遊戲，他們僅是有語言之社會互動（層次三）或有共同意識之互動互惠行為（層次四）。假如幼兒參與社會戲劇遊戲，他們僅是用語言做假裝互動（層次五），或他們可使用後設溝通來加以重新規劃及組織情節（層次六）。這個量表可幫助成人瞭解幼兒是否具有社會意識互惠互動及後設溝通之能力。將各社會遊戲層次在社會能力

表8-7　**Howes的同儕遊戲觀察量表**

名字：　　　　　　　　　　　　觀察日期：

時間 ＼ 種類	單獨遊戲	層次一 簡單平行	層次二 平行遊戲	層次三 簡單社會性遊戲	層次四 共同意識互補互惠遊戲	層次五 合作性社會假裝遊戲	層次六 複雜性社會假裝遊戲	非遊戲活動	旁觀／無所事事／活動轉移	老師參與 Yes=Y No=N	所使用的玩物及在哪一個角落
1											
2											
3											
4											
5											
6											
7											
8											
9											
10											
總計											

資料來源：吳幸玲、郭靜晃譯（2003）。

的三種表現列於**表8-8**說明其關係。

表8-8　社會遊戲層次與社會能力的關係

社會遊戲層次 社會能力	單獨遊戲	簡單平行遊戲	平行遊戲	簡單社會遊戲	共同意識互補／互惠遊戲	互補／互惠遊戲
社會意識	×	△	○	○	○	○
社會溝通	×	×	×	○	△	○
協調合作	×	×	×	×	○	○

說明：「×」代表沒有或很少，「△」代表有一些，「○」代表有。
資料來源：廖信達（2003）。

表8-9　如何應用Howes的同儕遊戲量表登錄遊戲行為

所觀察到的行為	登錄方法
1.兩位幼兒在教室中靠在一起在玩卡車，但其玩的路徑並不相同。其中一個幼兒在搜尋另一位幼兒，直到找到後才又回原來地方玩卡車。	這可被登錄為層次二：彼此意識的平行遊戲。因目標幼兒顯現對另一幼兒的注意。如果沒有找尋幼兒的舉動，便記為簡單的平行遊戲。
2.兩位幼兒在積木角一起搭建房子，並互相指示對方使用哪塊積木和要放什麼地方。	層次五：合作性社會假裝遊戲。因為他們正在一起玩，且彼此有交談。若他們只是一起玩而無交談，則屬於共同意識互補／互惠遊戲。
3.在戲劇角，有一男孩正坐在椅子上，讓另一幼兒假裝替他剪頭髮，二人並沒有語言上的溝通。	屬於層次四的共同意識互補／互惠遊戲。因為這兩位幼兒雖然彼此知道對方扮演的角色而一起玩，但沒有語言上的溝通及社會互補。如彼此有交談，或一幼兒拿鏡子給另一幼兒看頭髮剪好的樣子，那便成為層次五的互補／互惠社會遊戲了。
4.兩位女孩坐在一起各自玩拼圖，其中有甲幼兒對著乙幼兒說：「我不會拼」。乙幼兒回答他：「只要繼續把所有的小片試著都湊在一起便行了。」	登錄為層次三：簡單社會遊戲。雖二人有社會交換，但彼此各自玩自己的拼圖（不同於兩人玩同一拼圖，是為互補／互惠社會遊戲）。若幼兒乙放下自己的拼圖而去幫幼兒甲，那可登錄為層次五（彼此有交談），或是層次四（沒有交談）。

資料來源：引自吳幸玲、郭靜晃譯（2003）。

整個量表對瞭解幼兒社會行爲有很大的幫助。由每一排中可顯示幼兒在玩高層次的遊戲時：(1)老師是否有參與；(2)幼兒在教室中哪個區域玩；(3)幼兒玩哪些玩物。這些資料對加強幼兒社會遊戲都很有幫助，例如，老師由量表中發現幼兒只是偶爾玩一些社會遊戲，並常常是在娃娃家才會表現這些行爲，那老師可多鼓勵幼兒在娃娃家玩，並玩久一點，無形之中便鼓勵了幼兒或加強幼兒的社會行爲。若有幼兒只有老師在其身邊或老師在場時，他才出現一些社會遊戲行爲，那老師或成人就要找出策略，改善幼兒遊戲的社會層次。

三、Smilansky的社會戲劇遊戲量表

　　在幼兒的遊戲類型當中，社會戲劇遊戲（sociodramatic play）所指的是由兩人以上依照遊戲戲劇的主題共同合作，採行不同角色，並執行相互影響之故事情節活動進行角色扮演，參與遊戲主題的幼兒透過語言和行動產生交互作用（黃瑞琴，1994；吳幸玲、郭靜晃譯，2003）。在社會戲劇遊戲中，除了學習如何合作和協商討論之外，要呈現出一齣成功的社會戲劇遊戲，還需要有其他的能力，例如：觀點取替（perspective-taking）、問題解決（problem solving）、衝突管理（conflict management）、溝通能力（communication）與協商能力（negotiation）等（林妙徽，2000；吳幸玲、郭靜晃譯，2003）。

　　Trawick-Smith（1998）認爲，幼兒時常會離開遊戲的角色，去協商和解決有關遊戲的議題。所以，這些幼兒在社會戲劇遊戲中，必須要學習協商的技巧，因爲藉由協商，他們能夠瞭解其他幼兒的觀點，也能解決、澄清遊戲中的問題與衝突，更能藉此溝通彼此的意見，達到遊戲的共識，以維持遊戲情節的順暢。由此可知，

社會戲劇遊戲的首要要件，是需要共同參與遊戲的幼兒，彼此發生互動的狀況，再透過語言、行動與同儕合作，以利進行為眾人所認同的社會戲劇遊戲。

團體戲劇遊戲又稱為社會戲劇遊戲，意指當兩名或兩名以上之幼兒，分配角色並將其角色串聯而演成一故事情節的遊戲。角色、主題及道具是構成社會戲劇遊戲的三大要素。例如，虛構的故事（武士與公主）、真實生活情境（全家上超市）等。這類遊戲表面上看來好像很簡單，但實際上，幼兒需要有相當的語文、認知及社會的能力及發展才行。幼兒具有上述的能力，才能以表徵的方式呈現，也才能做觀點取替和使用正確的語言，創造及詮釋想像（佯裝）轉換、精確地使用語言，與同伴一齊規劃、分享、限制攻擊行為等。因此，這種遊戲（社會戲劇遊戲）被認為是遊戲發展中重要的形式之一。

Parten／Piaget量表中也記錄幼兒參與社會遊戲的頻率。若一位四、五歲的幼兒在Parten／Piaget記錄表中，很少被登錄到這類社會戲劇遊戲，那成人便需要提供幫助或適當參與幼兒的遊戲。但是成人首先要知道幼兒在從事這種複雜的遊戲時需要哪些技巧。

Smilansky（1968）在研究遊戲訓練中，發展出針對上面所提蒐集資料的理想量表，也就是Smilansky社會戲劇遊戲觀察記錄表（見**表8-10**）。此社會戲劇遊戲量表共包括五種要素，此五要素象徵了高品質的團體戲劇遊戲，各行列著幼兒的名字，各列則為社會戲劇遊戲的各項要素。這套觀察系統可助觀察者瞭解幼兒在遊戲中已含有哪些要素，又缺乏哪些要素。這樣成人才可針對所缺少的要素提出干預。茲將此量表包括五要素定義如下（引自吳幸玲、郭靜晃譯，2003）：

(一)角色扮演（role play）

幼兒採用一些角色（如家庭成員、救火員、超市收銀員），並以語言來串聯這些角色（如我是媽媽），以及扮演適應角色的行為（如照顧由另一幼兒扮演的嬰兒）。

(二)想像轉換（make-believe transformation）

利用一些表徵來代表玩物、動作或情境。

1.玩物可能被用來代替其他生活上的真實用品（以積木假裝為車子），或以語言的聲明表示一個想像的物品（看著空空的手並說：「我的杯子裡沒有水」）。
2.用簡略的動作來代表真實的動作（如用手前後移動表示在用鐵錘釘釘子），或利用語言表達想像的動作（我正在釘釘子）。
3.利用語言來表示想像的情境（假裝我們正坐飛機去美國）。

(三)社會互動（social interaction）

至少有兩位幼兒對遊戲情節的角色、動作做直接的互動（如Howes量表中的層次四：共同意識的互補／互惠遊戲）。

(四)語言溝通（verbal communication）

幼兒對相關遊戲主題的內容彼此有語言上的交換。這些訊息的交換包括下列兩種：

1.後設溝通的聲明（metacommunication statements）被用來組

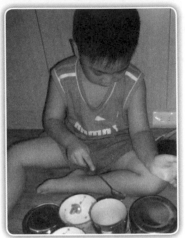

織或建構整個遊戲內容的溝通。如幼兒可能如此表達：象徵想像物品的認定（假裝這繩子是蛇），分配角色（我是爸爸，你是娃娃），計劃故事情節（我們先去超市買菜，再去樓上玩具部買玩具）；如有幼兒玩得不對（如角色行為不符合），幼兒會斥責並糾正他（娃娃不會幫忙擺碗筷）。

2.假裝溝通的聲明（pretend communication statements），符合其所扮演角色的溝通。如幼兒甲扮老師，向其他幼兒（當學生）說：「你們再頑皮，我要帶你們去見吳主任哦！」

(五)持續性（persistence）

幼兒進行有持續性的遊戲時，年齡是決定幼兒是否有持續力的最大因素。Smilansky（1968）的研究指出，小、中班的幼兒應可維持五分鐘的遊戲時間，而大班至少可維持十分鐘。此外，自由遊戲的時間多長亦是一相關因素，若自由遊戲時間短於十五分鐘，那上述幼兒的持續力就要稍微縮短一些。

表8-10　Smilansky社會戲劇遊戲觀察表

名字	角色扮演	想像轉換			社會互動	語言溝通		持續力
		玩物	動作	情境		後設溝通	假裝	
1								
2								
3								
4								
5								
6								
7								
8								
9								
10								

　　Smilansky社會戲劇遊戲觀察量表與Parten／Piaget、Howes之量表不同，可同時觀察許多幼兒。在Parten／Piaget及Howes的量表中，都以多重間距，如以十五秒為間隔，作為系統取樣的技術，但在Smilansky社會戲劇遊戲觀察記錄表中不須用此繁雜的取樣方法，原因乃是社會戲劇遊戲觀察需要更長的觀察時間，以決定五種要素中何者有出現，何者則無。例如，至少要持續十五分鐘才能觀察到遊戲的持續性。當使用Smilansky社會戲劇遊戲觀察量表，建議依下列步驟進行：

1.在觀察中，一次只選二、三位幼兒觀察，而這幾位孩子是以Parten／Piaget量表中篩選出較少進行團體戲劇遊戲的幼兒。

2.在幼兒整個遊戲時間內，從頭到尾都要非常注意，每一位幼兒平均觀察一次一分鐘，再輪流看其他幼兒，依此輪序。

3.在幼兒遊戲結束時，將每一個幼兒的遊戲中觀察到的社會戲劇遊戲的每個要素記錄在Smilansky社會戲劇遊戲觀察量表適當的欄內。假如其中的一個要素（如社會互動）發生得很短暫，在相關的欄內劃上一個「？」，表示這個行為似乎已顯現，卻又未發展得很好。

4.假如有幼兒缺乏其中一或多項要素的話，改天再觀察一次，不能只因單次觀察就加以定論，並認定這位幼兒缺乏這些技巧。

有了社會戲劇遊戲觀察記錄資料後，可看出幼兒具備或缺乏哪些遊戲的要素。若幼兒兼有這五種要素，那可說這位幼兒具有相當優秀的社會戲劇遊戲的能力，在其遊戲中成人的角色與功能就不重要了。反之，若幼兒缺乏一或二個要素，那他便很需要成人給予干預，並利用空間、時間、情境和玩物的配合，以使幼兒能具備社會戲劇遊戲技巧，將之融入遊戲當中，在其不斷反覆練習中，使其具備社會戲劇遊戲的技巧。

以遊戲觀察量表的遊戲行為來進行觀察省時省力，容易登錄，非常適合觀察大量的樣本，所得資料也方便統計分析。然而，觀察者需要努力檢視所記錄的資料是否正確，以免造成錯誤的評量結果。值得省思的是行為的操作性定義是否正確掌握？行為的類別適用在觀察的對象或觀察的情境嗎？行為的類別是否包含了觀察者所欲觀察的所有遊戲行為？幼兒園教師習得並能正確使用這些遊戲行為觀察量表，必然有助於對幼兒遊戲行為的瞭解，也更能提升自己的幼教專業知能，觀察是瞭解幼兒遊戲行為及決定成人是否參與幼兒遊戲的主要關鍵。基於這些理由，幼兒教師必須要能很準確地及有系統地觀察幼兒遊戲。

參考文獻

一、中文部分

吳幸玲、郭靜晃譯（2003）。《兒童遊戲——遊戲發展的理論與實務》。台北市：揚智。

吳淑蘭（2006）。《幼兒美勞創作活動之行動研究》。國立台北教育大學幼兒教育學系碩士論文。

周文敏（2004）。《創造性圖畫書教學對國小學童創造力與繪畫表現之研究》。國立中山大學教育研究所碩士論文。

林少雀、黃志成（2009）。〈常用的幼兒遊戲觀察法〉。《空大學訊》，426，88-96。

林惠琴（2008）。《活動本位介入之早期療育課程行動研究》。私立樹德科技大學幼兒保育學系碩士論文。

林妙徽（2000）。〈台灣兒童在扮演區的溝通行為與性別及社會地位之關係〉。《台南師院學報》，33，367-427。

曾葆賢（2004）。《發展遲緩幼兒在融合教育學習區之同儕互動個案研究》。台北市立師範學院身心障礙教育研究所碩士論文。

金瑞芝、林妙徽、林聖曦譯（2000）。《幼兒遊戲》。台北市：華騰。

陳燦豐（2004）。〈提升教師行為觀察專業能力〉。兒童適性發展之本土專業經營學術研討會。台北市立師範學院兒童發展研究所兒童發展研究中心主辦。

黃淑蓮（2006）。《運用主題撰寫於兒童創造性舞蹈教學之行動研究》。台北市立體育學院舞蹈研究所碩士論文。

黃意舒（2008）。《兒童行為觀察及省思》。台北市：心理。

黃瑞琴（1994）。《幼稚園的遊戲課程》。台北市：心理。

廖信達（2003）。《幼兒遊戲》。台北縣：啓英。

廖信達（2008）。《幼兒行為觀察與記錄》。台北縣：啓英。

蔡孟恂（2007）。《阿美族幼兒學習數學經驗之研究》。國立花蓮教育大學幼兒教育學系碩士論文。

二、英文部分

Aldersson, R. R. & McEntee-Atalianis, L. J. (2008). A lexical comparison of signs from Icelandic and Danish Sign Languages. *Sign Language Studies*, 9(1), 45-87.

Boyd-Batstone, P. (2004). Focused anecdotal records assessment: A tool for standards-based, authentic assessment. *Reading Teacher,* 58(3), 230-239.

Howes, C. (1980). Peer play scale as an index of complexity of peer interaction. *Developmental Psychology*, 16, 371-372.

Jacobs, G. M. (2004). A classroom investigation of the growth of metacognitive awareness in kindergarten children through the writing process. *Early Childhood Education Journal,* 32(1), 17-23.

Johnson, J. E., Christie, J. F., & Yawkey, T. D. (1987). *Play and Early Childhood Development*. Glenview, IL: Scott, Foresman and Company.

Klingner, J. K. (2004). Assessing reading comprehension. *Assessment for Effective Intervention,* 29(4), 59-70.

Kirkey, T. L. (2005). Differentiated instruction and enrichment opportunities: An action research report. *Ontario Action Researcher,* 8(3), 4-5.

Smilansky, S. (1968). *The Effects of Sociodramatic Play on Disadvantaged Preschool Children*. New York: Wiley.

Trawick-Smith, J. (1998). A qualitative analysis of metaplay in the preschool years. *Early Childhood Research Quarterly,* 13(3), 433-452.

Wood, E. & Attfield, J. (1996). *Play, Learning and the Early Childhood Curriculum*. London: Paul Chapman.

第九章

特殊幼兒的遊戲

▸ 特殊幼兒遊戲的行為

▸ 無障礙的特殊幼兒遊戲

▸ 促進特殊幼兒遊戲的方法

▸ 遊戲與評量

幼兒生活即遊戲，凡是幼兒都喜歡遊戲，即使是特殊幼兒也不例外，Bingham（2008）指出，多數校長和教師都認同，有特殊需要的幼兒提供適合的遊戲可增強學習，促進幼兒的發展，提高特殊幼兒的技能，促進幼兒發展適當的同儕互動技能。雖然特殊幼兒障礙的種類及程度會直接影響幼兒接近遊戲的程度、遊戲活動以及幼兒在遊戲中的學習經驗，但是遊戲仍是他們學習與發展不可或缺的要素。

本章將就特殊幼兒遊戲的行為、特殊幼兒遊戲調整的設施與環境、促進特殊幼兒遊戲的方法，和遊戲與評量等分別討論。

 第一節　特殊幼兒遊戲的行為

特殊幼兒因障礙的種類及程度不同，遊戲行為及發展的個別差異很大，六歲以前的幼兒在玩物、動作或表徵遊戲方面是依年齡成長而逐步演進，但是對特殊幼兒而言，他們的遊戲發展是如何呢？一般人都會認為身心障礙的兒童遊戲能力會比較差，即使是在二十世紀中期，就連專業人員對於智能障礙的兒童在遊戲方面的能力也帶著歧視的意見，他們認為這類兒童不會玩遊戲，如果不是他們不想玩，就是他們沒有這方面的需要，所幸這種觀念已經逐漸在改變。以下針對特殊幼兒的遊戲特徵做探討。

一、智能障礙的幼兒

智能障礙的成因可分成生理因素和環境因素，例如：母親在懷孕期間酗酒、濫用藥物。智能障礙幼兒的問題在幼兒早期比較不容易看出來，因為每個孩子的發展速度不同，有的孩子雖然某些能

力發展慢，但是漸漸就跟上了，這就不是智能障礙，但是如果孩子的智能發展停滯不前，就有可能是智能障礙幼兒。智能障礙的幼兒在認知發展順序與一般幼兒無異，但是智能障礙幼兒的遊戲能力隨著語言刺激的匱乏、較少參與複雜的符號表徵遊戲及玩具的選擇受限等因素，而大打折扣（Li, 1981）。智能障礙的幼兒進入學校後，語言發展及溝通能力不好、動作速度慢、不懂得與同儕互動，都是常見的問題，這些問題也直接影響智能障礙幼兒的遊戲行為。

在大部分的遊戲研究中，主題都是強調智力正常幼兒和智力障礙幼兒在遊戲中所存在的差異，比較少強調智能障礙的幼兒對遊戲的需要。在玩物遊戲方面，大致的結論是：(1)智能障礙幼兒比較喜歡丟沙包遊戲及有固定結構的玩具，而智力在同階段的正常幼兒則喜歡可隨意調整的玩具（Horne, 1942）；(2)智力正常的幼兒能夠在遊戲中把玩具適當的搭配起來，而智能障礙的幼兒則不會這樣做。例如：Tilton（1964）發現，正常幼兒能夠在遊戲中把玩具組合起來，如把杯子和盤子搭配起來、疊積木，但是智能障礙幼兒無法做到這一點，只是擺弄玩具。Mindes（1982）研究了七十四位身心障礙的孩子的社會及認知遊戲。他們之中有的是感覺動作發展較遲緩，有的是學習困難但是可以教育，平均年齡大約六十三個月。結果發現智能障礙幼兒比一般幼兒有更多非遊戲行為或單獨遊戲行為。Murphy、Carr和Callias（1986）的研究顯示，重度智能障礙的兒童，對於有特殊回饋（聲音、燈光、振動）的玩具會比較有興趣。

在表徵遊戲方面，Hulme和Lunzer（1966）的研究發現，智能障礙幼兒比較固守儀式並且較少用真實的表徵遊戲。Hill及McCune-Nicolich（1981）對一群唐氏症幼兒（平均智齡十二至二十六個月，生理年齡二十至五十三個月）做認知遊戲研究，結果發現這一群幼兒在整個發展順序中呈現年齡差異的現象，顯示表徵

遊戲水準與個人心理年齡有關。所以和智力發育正常的幼兒相比，智能障礙幼兒出現表徵遊戲的時間通常比較晚。Wing、Gould、Yeates和Brierley（1977）曾對一百零五名五歲至十四歲重度智能障礙的兒童做表徵遊戲的考察，發現這些兒童確實會玩表徵遊戲，但是只有在心理年齡滿二十個月的幼兒才會出現這種情況，而這個智力年齡和正常兒童開始做假裝遊戲時的年齡大致相當。所以如果把研究都換成心理年齡來看，智能障礙兒童的遊戲發展也是循著正常兒童遊戲發展的順序進行。雖然智能障礙兒童也能從事表徵遊戲，但是和一般兒童相比還是有層次的差異。

綜合以上論述，雖然都著重在比較智能障礙幼兒和一般幼兒在遊戲層次上的差異，但是從研究中也透露出，智能障礙幼兒和一般幼兒一樣，可以從事功能性玩物遊戲和表徵性的遊戲，只是表現上比較遲緩。李依蓉（2008）針對智能障礙學生研究指出，音樂為媒介的社交技能課程能提升溝通能力，對於人際關係亦有進步，其中以接納能力進步最多，再者為合作能力及自我開放能力，另外，具有類化能力。周宜蓁（2006）研究指出，智能障礙學生在透過繪本遊戲後，能有效增進同理他人情緒行為，使其能覺察和尊重他人的情緒感受，並表現出安慰、幫助、讚美和分享等合宜的關心行為。智能障礙幼童在遊戲方面的發展順序是依其心理年齡來表現，這給教師或家長一個很重要的啟示，就是教師或家長可根據一般幼兒玩遊戲的發展過程來設計教材或遊戲，然後依據幼兒個別差異的程度修改遊戲難度，如此比較能掌握到智能障礙幼兒在遊戲的層次和需求，智能障礙幼兒常參與無人操弄及反覆性的遊戲，並且多為試探性遊戲。這些孩子對於參與認知性遊戲及社會性遊戲的能力較弱，教師或家長必須引導他們如何玩此類遊戲。

二、視覺障礙幼兒

　　李庭璋（2008）研究指出，視覺障礙有較高的寂寞現象，提供休閒活動，可拓展視野，也豐富了原來無聊的生活。對視覺障礙幼兒來說，他們和其他特殊幼兒一樣，不但需要遊戲，而且同樣享有和其他幼兒相同遊戲經驗的權利。一般幼兒與視覺障礙幼兒在遊戲上有顯著差異，研究指出，視覺障礙幼兒和正常幼兒比較，他們之間的遊戲行為不同（Troster & Brambring, 1994; Warren, 1984）。視覺障礙幼兒的遊戲行為呈現較不足或發展落後的現象，論其原因，有下列幾點：

1.此現象和他們在某方面的發展遲緩有關。
2.缺乏感官的刺激。
3.缺乏激勵的方式。
4.受到過度保護。
5.缺乏遊戲的經驗，尤其是感官動作遊戲。

　　根據文獻顯示，視覺障礙幼兒和視覺正常幼兒比較之後，視覺障礙幼兒所表現的遊戲行為如下（Parsons, 1986; Schneekloth, 1989; Troster & Brambring, 1994; Warren, 1984）：

1.視障幼兒較少主動探索周遭環境，及周圍環境中的物體。
2.在嬰兒和學前階段經常單獨地從事重複動作，或一成不變的遊戲動作；如刻板遊戲（stereotyped play），將玩具反覆放入口中含著或拍擊玩具。
3.相較於正常幼兒，視障幼兒較少出現主動性、自然的遊戲，而且相較於視覺正常幼兒，必須有人教他們如何玩的次數明

顯較多。

4.很少或根本不模仿照顧者每天例行工作或活動。

5.不太玩填充玩具和娃娃，也較少把填充玩具和娃娃當成和人一樣具有靈性（animism），進行想像扮演遊戲活動。

6. 較少和同儕友伴玩遊戲，大都轉向和成人一起玩。

7.很明顯的在象徵遊戲和角色扮演遊戲的發展上，出現遲緩的現象。

8.所參與的遊戲較不具有挑戰性。

在戶外遊戲場的遊戲環境，視障幼兒較少出現大肌肉的活動和社會互動性遊戲。Schneekloth（1989）發現，視障幼兒在大肌肉運動及社會性遊戲的行為出現的次數較少，主因並非在天生感官上缺陷所致，最主要因素在於缺乏與周遭環境互動的經驗。他也進一步指出，最主要的原因是缺乏提供適合視障幼兒探索的遊戲環境。而Troster和Brambring（1994）也發現，視障幼兒在象徵遊戲行為出現得較晚，並不能解釋成他們的表徵智力發展遲緩，因為傳統的象徵玩具（例如：自動汽車和娃娃）並不以真實的觸覺或聽覺來表徵真實的汽車或人，只是縮小尺寸，並不一定適合視障幼兒遊玩。

有學者認為視障幼兒接觸玩物的管道受到限制，也因為視障幼兒操作及手眼協調動作技巧有困難，導致操作遊戲玩物時常發生困難，尤其是在功能遊戲方面。大部分傳統的功能性玩具需要精細動作的技巧來操弄始能完成，而視障幼兒較為缺乏精細動作，限制了操弄玩物的技巧，而產生遊戲上的困難（Fraiberg, 1977）。

當遊戲的層次愈高、愈複雜時，視障幼兒與眼明幼兒的差距就愈大。尤其是視障幼兒表現象徵遊戲或複雜的功能遊戲的年齡，遠大於眼明的幼兒。此一差異，顯然反應了視障幼兒在認知發展和社會發展層次上的落後。持此一解釋者，認為視障幼兒早期幼年生

活中缺乏視力，導致他在探索周遭世界的過程中，受到嚴重的限制（Warren, 1984）。這種限制降低了視障嬰幼兒在認知學習和社會發展的潛能，於是反應在遊戲行為上顯現出發展遲緩的現象。

綜合上述，視障幼兒比同齡的幼兒在動作、認知、語言和社會的發展有遲滯的現象。但是也受到致障的時期、原因、障礙程度和預後等影響，每位視障幼兒的發展和身心特質有很大的差異性（萬明美，2001）。瞭解視障幼兒的身心特質與需求，給予適當的介入。也就是應該以視障幼兒本身的遊戲發展情況，來從事遊戲介入的工作。

由於受到視力的限制，視障幼兒與明眼幼兒的遊戲表現有所差異，以下是給不同階段的視障幼兒遊戲的建議：

1. 可以讓嬰兒抓各種不同形狀、會發出聲音的玩具，在溫度許可下，可以在洗澡時玩玩具，可將玩具懸掛在嬰兒床上。

2. 準備益智性玩具（包括可幫助幼兒學習形狀、大小和數目），各種材質的積木，可以讓視障幼兒學習穿脫衣服、鞋襪的娃娃，模擬廚房的娃娃家廚具，碗筷、鍋鏟、黏土，玩具電話，穿珠子，能發出聲音的樂器，如響板、鼓、三角鐵等。

3. 選購玩具時應該選有標上"ST"的安全玩具，避免選擇有銳角、有小零件的，以防放到嘴巴吞下去，另外玩具上的油漆也必須選擇無毒的。至於在室外，應特別小心鞦韆、蹺蹺板或旋轉台、溜滑梯等遊戲器材，避免因碰撞傷及視障兒童。

4. 韻律感：視障幼兒到了某一個階段，會對音樂和兒歌感興趣。韻律感跟節奏感對他們的發展是很重要的，父母應該時常抱著他，或牽著他隨著音樂的節奏而跳舞，如此可幫助視障幼兒瞭解他的身體，應該如何配合音樂而擺動。

5.玩伴：每個人都需要朋友，特別是視障幼兒更需要其他的玩伴，父母可請鄰居小朋友到家中一起玩耍，以增進視障幼兒與人相處的良好人際關係，進而增進其將來與社會的互動性。

遊戲是自然產生的、自發的、主動投入的、積極參與的，並產生愉快的活動。因此，對於視障幼兒應調整合適的遊戲環境，讓他們具備安全、能觸及、有聲音效果，以充分的探索遊戲環境，享受豐富的遊戲經驗，使幼兒得以成長與學習，並透過環境的刺激來學習，以利用環境作為達成教具目標之積極、有效的工具。

三、聽覺障礙

聽力在幼童語言發展過程中扮演著重要角色，兒童伴隨有聽力障礙，不僅會影響其語言學習及溝通能力，並可能造成認知、社會化及情緒上的不協調，影響極為深遠。全聾或聽覺障礙幼兒在感覺動作期所表現的遊戲行為與一般幼兒相差不多。但是過了二歲，由於語言能力受限，使這類孩子表現在符號表徵遊戲與社交性遊戲的能力顯著落後。蔡蓮花（2007）研究指出，透過繪本的輔導，與同儕互動的觀念有了正向的改變，由瞭解到理解，進而聯結人與人相處應有的基本溝通技巧、自我情緒管理、衝突處理、建立正向的自我概念四大方面的良性社交技巧表現。聽覺障礙幼童最常做單獨遊戲與平行遊戲，因為聯合遊戲、合作遊戲需要用到社交技巧，但是聽覺障礙幼兒在這方面的能力是比較弱的。

四、肢體障礙幼兒

　　肢體障礙者只是一個總稱，其中包括常見與不常見的病因類型，一般都對於常見的病因類型有基本的瞭解，但對不常見的病因類型則不太清楚，肢體障礙幼兒有許多不同類型，出生即有障礙居多，有些卻是在出生以後才發病或意外傷害導致障礙。由於是關於身體四肢的某一生理系統受到影響，而概略地劃分為神經系統疾病與肌肉骨骼系統疾病，前者損傷到腦部、脊髓或神經，再間接地影響肢體，包括腦性麻痺、脊髓性肌肉萎縮症（spinalmuscular dystrophy）、脊髓損傷（spinal cord injury）、神經管畸形（neuraltube malformation）、多發性硬化症（multiple sclerosis）等等；後者直接損傷到肌肉、骨骼或關節，包括裘馨氏肌肉萎縮症（Duchenne muscular dystrophy）、成骨不全症（osteogenesis imperfecta）、脊椎畸形（spinaldeformity）、肢體殘缺（limb deficiency）、關節緊縮（arthrogryposis）、幼年型類風濕性關節炎（juvenile rheumatoid arthritis）等等（許天威，2000；黃志成、王麗美、高嘉慧，2008；Haskell & Barrett, 1993; Kirk, Gallagher, & Anastasiow, 2003; Peterson, 1987）。

　　遊戲對肢體障礙幼兒所造成的影響，必須看造成位移能力和運動力的損傷範圍和程度。由於肢體障礙幼兒無法行動自如，活動範圍受限，肢體障礙幼兒顯得較孤立，缺乏學習及擴展生活領域的動力。在精細動作和粗大動作的障礙，勢必影響幼兒在遊樂場可以操作的器械玩物和玩具。行動上愈依賴成人協助的幼兒，在遊戲表現上比較被動，只能完成簡單的任務。行動能力和輔具的欠缺，也會衝擊與同儕間的互動，假如又伴隨語言障礙，對溝通互動的影響更鉅。另幼兒能參與粗大動作與精細動作的程度，也直接影響其對

身體缺陷的感受與自信心。然而值得一提的是，肢體有障礙的幼兒並非每一種遊戲都受影響。例如：坐輪椅的幼兒可以玩精細動作的遊戲，像是玩拼圖、積木、下棋等。只要善用輔具設備，就能增加肢體障礙幼兒遊戲的選擇性。

五、身體病弱幼兒

身體病弱是因疾病而使幼兒活力不足，以致妨礙其正常的學習活動，減損其可能的教育成就之現象。身體病弱幼兒最大的苦惱在於他們的容易倦怠，缺乏活力，充滿恐懼與壓力，以及無法充分參與學習活動方面。其中造成身體病弱幼兒延誤入園所的最大原因，是長期療養的需求。因此身體病弱幼兒較難學會如何和其他幼兒玩在一起，也較難看出他們在遊戲社會化階段與認知發展階段的進步。對於智力或學習能力沒有問題的身體病弱幼兒，大致上關鍵點會放在生理狀況的處理，而處理的方式，會因疾病的性質以及嚴重程度，而有所不同。但仍有一般協助通則如下所列：

1. 瞭解幼兒疾病的症狀，並與醫生保持聯繫。
2. 確定幼兒是否有正確的服藥以及服藥的時間。
3. 瞭解藥物的副作用對學習以及行為的影響。
4. 允許幼兒休息。
5. 注意或避免對幼兒不適宜的園所學習活動。
6. 避免可能造成的意外傷害，例如癲癇發作時。
7. 幼兒缺課太多時，給予個別教學或運用同儕以及小老師教學。
8. 建立幼兒自信心。
9. 向家長以及幼兒表達你對幼兒健康的關心。

10.幫助班上其他幼兒瞭解特定疾病的真實面貌。

11.與幼兒討論可以幫助身體病弱幼兒的方法。

12.與幼兒討論生命的意義。

六、自閉症

《精神異常診斷和統計手冊第四版》（DSM-IV）對自閉症幼兒的三大診斷標準為：(1)在社會互動有質的損傷；(2)溝通方面有質的損傷；(3)在行為、興趣及活動方面，受限於重複的、固定的模式（楊蕢芬，2005）。在這三種障礙的交互影響下，自閉症幼兒的遊戲發展和表現就有其特殊之處。診斷標準提到，如果在三歲之前即初發，在以下各領域至少有一種以上功能延遲或異常：(1)社會互動；(2)社會性溝通時的語言使用；(3)表徵或想像遊戲；顯示遊戲的狀況也是診斷的重點。

根據研究，自閉症幼兒常玩單獨遊戲，且只固定重複某些遊戲形式，不參與互動性遊戲（Wing et al., 1977）。 一些自閉症幼兒通常以刻板的形式操弄玩具，極少變換遊戲的方式，也很少出現自發性的假裝遊戲。自閉症幼兒遊戲的玩法很固定、刻板，依自己的方式玩，如：搖晃小汽車，缺乏功能性玩法。自閉症幼兒遊戲時呈現相似的特徵，缺乏自發性、彈性、想像力和社會能力（Wolfberg & Schuler, 1993）。他們在做遊戲活動時，通常都缺乏想像力、假裝與社會參與，大都是固守著固定及刻板的遊戲規則。此外，自閉症幼兒在自由遊戲時，遊戲行為及玩具選用有較少樣、固定、少情感交流、少樂趣及多感官動作（舔、啃、聞、近看、摸等）等現象（胡致芬，2000）。Sigman與 Ungerer（1984）研究指出，自閉症幼兒不論在結構化或非結構化的情境下，功能性活動及象徵遊戲的表現，均較相同心理年齡的智能障礙幼兒及一般幼兒

差。Mundy等人（1986）也以同樣心理年齡二十五個月的三組兒童做功能性遊戲和表徵性遊戲的比較，發現自閉症幼兒的功能性遊戲和表徵性遊戲的數目和種類，都比另外兩組少，也就是說，他們常只做固定一兩種的玩法。自閉症幼兒常被同儕排斥，使得他們的障礙更加嚴重，當他們有機會自由玩耍時，傾向於重複地玩相同的活動，以滿足自己的興趣，他們比較不可能玩功能遊戲，也少有假扮性遊戲，遊戲能力比其他幼兒遲緩。自閉症幼兒遊戲時的共同特徵是以刻板形式操弄物體，操弄遊戲比功能性和象徵遊戲的比率高，操弄玩法由簡單到複雜，如：搖晃敲打玩具、將玩具疊高或排成一排。自閉症幼兒在假裝性遊戲有顯著障礙，缺乏想像和象徵遊戲，特別是自發性的假裝遊戲，他們較常玩刻板性的玩具。Kuhn、Bodkin、Devlin和Doggett（2008）也發現，角色扮演等遊戲提升了自閉症幼兒的人際互動關係。

總括來說，自閉症幼兒的遊戲特徵大抵包括：

1. 刻板的、固著的、缺乏彈性的遊戲形式。
2. 多為單獨遊戲，極少自發性的假裝遊戲；即使有假裝遊戲，也偏好真實取向的假裝遊戲。
3. 在玩具的選擇上偏好少樣、固定、少情感交流、多感官動作的玩具。
4. 缺乏引發遊戲及適當加入遊戲的相關技巧，使其常被排拒於同儕社會遊戲之外。

以上的遊戲特徵，會造成自閉症幼兒遊戲上的重大缺陷，也惡化其人際關係。自閉症幼兒常伴隨溝通障礙、固著的身體動作，以及操作玩具不適當等問題。這些行為常使得自閉症幼兒很難參與一般幼兒的遊戲，造成他們在社會性遊戲和認知遊戲較一般幼兒發展遲緩。但給予幼兒提示、誘發和結構化情境，自閉症幼兒會有較

佳的表現。Rutherford、Young、Hepburn與Rogers（2007）在自閉症象徵遊戲的縱貫研究發現，透過象徵遊戲能力的發展，發現相互注意協調能力可以預測象徵遊戲能力表現。李芸（2007）研究發現，運用多媒體遊戲教學，自閉症幼兒在詞彙理解類化與詞彙理解維持，具有良好的成效。

七、情緒行為障礙

　　情緒與行為有障礙的幼兒常無法用社會所預期的或允許的方法來解決困難，可能就會情緒緊張、焦慮、擔憂，有的變得退縮、害羞、不合群、拒絕上學，有些則產生生理上的症狀，如頭痛、頭暈、昏倒、胃痛等；另外有些人會採用反抗、逃學、打架、說謊等方法。情緒與行為障礙對遊戲的影響端賴幼兒的障礙類型與程度。大部分的幼兒不喜歡和有攻擊行為的孩子玩。固著於特定遊戲、不願轉換活動類型的孩子，自然不利於社會互動發展。事實上，在學前教育方案中，最常發生負面事件，就是老師常在社會—情緒障礙幼兒有不當行為（例如：和同學打架）出現時，就把他們從群體中隔離。一個常被處罰「隔離」的孩子如何延續與一般幼兒的社會互動？情緒障礙幼兒很難專注於一項遊戲，在參與冒險性行為時缺乏安全感，他們在認知層面與社會性層面的遊戲比較簡化。廖珩安（2007）針對國小六年級憂鬱傾向兒童進行研究發現，進行第一次沙遊之沙圖及沙遊憂鬱有立即改變效果。許芷菀（2007）對注意力缺陷過動症幼兒進行團體黏土活動研究發現，在團體黏土活動介入期及保留期，皆能逐漸有所改善，會影響注意力行為表現，在注意力缺陷過動症幼兒的相關動作、語言等能力上也有進步。林弘曆（2008）指出，憂鬱傾向兒童透過遊戲，可降低攻擊性，兒童也因而從中呈現出自我肯定，展現出自我能力。因此社會互動有障礙的

孩子更需要密集、持續性的介入方案，以增進正向社會互動技巧。

第二節　無障礙的特殊幼兒遊戲

　　遊戲環境的設施、教學設備、教材以及教具應盡可能增進幼兒在生理、社會、情緒、能力與行為的常態化。在針對特殊幼兒設計遊戲活動時，空間、時間、器材、指示、特別輔助、特別安置、輔具等，必須要因應幼兒的障礙狀況做調整。

一、空間

　　遊戲場或活動中心的入口，一定要考慮到肢體障礙的幼兒的便利性，設計上必須寬敞、動線要通暢，也就是入口處要有足夠空間讓輪椅及助行器移動。桌子的高度一定要讓坐輪椅的幼兒可以搆得著。遊戲場所的空間大小要考慮不要太大也不可以太小，太大會減少孩子社會互動和溝通的機會，對於發展聯合遊戲十分重要，空間太小會讓人感到壓迫，幼兒比較容易有侵略性行為。除此之外，大人應該提供幼兒一個可以安靜的情境，因為幼兒專心時間短暫且易分心，安靜的情境可以讓幼兒定下心來遊戲與學習。有些孩子可能需要空間提示，譬如在地板上貼上膠帶，又或是使用色彩鮮豔的地毯，將孩子導引到活動場所去。老師必須實地測試這個空間，以決定是否需要為有特殊幼兒做修正。

二、時間

　　遊戲時間一定要充裕，遊戲活動才能順利進行。時間安排一

定要有彈性，並且要考量到所有的孩子。給特殊幼兒多一點時間，才能將玩遊戲所需具備的技巧記住。當特殊幼兒在學習新的技巧時，他們需要機會，讓自己一遍又一遍地練習。要延長遊戲時間時，可以讓特殊幼兒提早開始，這樣時間就可以安排得既合宜、又充裕。譬如，優先把建構遊戲的器材交給特殊幼兒，又或是要外出到遊戲場時，先幫特殊幼兒穿好衣物。在做這些事情的時候，要從容自然，別讓其他同儕知道，這個特殊幼兒才有比較多的遊戲時間。此外，當幼兒很著迷於某一項遊戲或是已對遊戲失去興趣時，遊戲時間也可以稍做更動，不必非得一定要按照預先定好的時間來進行遊戲。對某些幼兒而言，轉換活動會帶給他們一些困難，因為無論是收拾整理，或是從一個活動轉移到另一個活動，他們都需要更多的時間來處理。下列幾個方法，可以幫忙特殊幼兒快速進行轉換活動。

1. 針對轉換活動提供特定的指導和練習，如：用完的器材該放到哪裡？如何處理？如何安靜地轉換到下一個活動？
2. 重複強調下一個活動是什麼。
3. 讓較早做完的孩子獨自前往下一個活動位置。
4. 活動結束前先預告讓幼兒知道活動就快結束，可以用口語、燈光或是鈴聲。
5. 在轉換至下一個活動之前，要有足夠的時間，讓幼兒能順利結束活動，並做好收拾整理的工作。

三、遊戲器材

依據幼兒的年齡與發展，準備適合幼兒的遊戲器材十分重要，因為合宜的遊戲器材可以營造理想的遊戲環境，讓不同年齡的

幼兒玩在一起。多樣的玩具和器材可以滿足所有幼兒的需求和興趣。適合一般幼兒玩的器材或玩具也大都適合特殊幼兒玩，在爲特殊幼兒安排玩具或遊戲器材時，要先考慮幼兒的興趣、身心障礙的狀況以及目前的發展程度。在首次與特殊幼兒見面時，教師或成人要仔細觀察特殊幼兒的狀況，並且和他的家人聊聊，這樣才能知道孩子對什麼玩具和器材感興趣，什麼事物能吸引並維持他的注意力，以及他會在遊戲時如何操作器具。爲了促使幼兒嘗試操作各式玩具，大人應該要讓遊戲器材可以輪流操作。老師或大人要提供幼兒可以有不同玩法、並可重複使用的遊戲器材，若要加強同儕間的互動，教師要篩選出需要大家協力完成的玩具，像是社會戲劇遊戲的道具、沙和水、積木、小車子、小人偶，而且遊戲器材的數量一定要足夠，讓所有幼兒都玩得到。當同儕之間有爭執時，老師要讓一般幼兒知道仲裁的方法，如社會互動訓練、同儕啓發訓練、以同儕爲榜樣、同儕間互相督促、強化，這樣才能培養幼兒與幼兒之間的互動。

四、遊戲器材的指示

大部分的玩具和遊戲器材會提供使用說明，通常從遊戲器材的外觀就知道遊戲的玩法，譬如像積木、益智遊戲等。老師在安排這些器材時，就等於給幼兒一個暗示，他們知道每一種器材應該如何玩。但是特殊幼兒可能不知道老師所提供的遊戲器材如何玩，遊戲器材的玩法比較繁複時尤其容易發生。當遇到需要在語言、生理上有所導引的狀況時，老師可藉由下列幾項提示，幫助幼兒瞭解這些遊戲器材如何操作：

1.引起幼兒的注意力，確定幼兒有在操作手邊遊戲器材。

2.使用幼兒能理解的字彙，必要時把說話速度放慢，並反覆強調。

3.幼兒在遊戲時，要讓幼兒能看得到老師或其他小孩。

4.將遊戲操作方法分成更細小的步驟，然後換一種說法再說一次。

5.結合文字與圖示，以視覺和語言搭配使用，譬如在以口語溝通時，同時使用物件、圖片、肢體動作，和臉部表情配合說明。

6.問些簡單的問題，以確定幼兒是否瞭解，譬如，「現在要做什麼呢？」或「讓我看看接下來要做什麼？」又或「現在你會做什麼了？」

7.讓幼兒重複說出指示。

8.實際引導幼兒操作，當幼兒不再需要協助時，褪除肢體的協助。

五、特殊設計輔具

　　老師或是能力較強的同儕，必須根據幼兒在某一特殊狀況下表現出來的行為能力以及欠缺的部分，適時提供一些協助，幫助特殊幼兒在遊戲中有所表現。特別設計的輔具包含了下列幾種：

1.建立模式：由大人或同儕以口語、手勢、肢體為特殊幼兒示範某些行為，使其有個模仿的對象。

2.口語的引導：由大人或同儕以口語提供資訊，讓特殊幼兒知道自己該做些什麼。

3.身體協助：其中有部分肢體協助，如碰觸身體某部分，像是手或腳，藉此為幼兒指出該使用的東西，另外還有全部的肢

體協助，在預定的行為過程和結果中，給予具體的援助和導引。老師也可以提供視覺提示，將物件、圖片、記號做一些設計，讓幼兒能更容易地完成活動。一般而言，干預程度愈低的方法，老師會愈喜歡使用，除非幼兒明確地表示，希望得到他人進一步的協助。

六、特別擺位或輔助科技

在特殊幼兒的活動場所提供擺位輔具讓幼兒能隨時依靠，所謂擺位包括了在遊戲或活動時，安置幼兒的地點以及安置幼兒的方式（站、坐、側躺）。該怎麼做才能在獨立性得到發展的同時，又能輕鬆、專注、適度掌控。輔具如果使用得當，對幼兒互動技能的擴展很有幫助，因為特殊幼兒可因此有效掌控自己周遭的環境。例如：具調整功能的輔具可幫助肢體受損的幼兒：

1.在短時間內，維持固定姿勢，將活動完成。
2.較有機動性（譬如：擺位椅，站立架），使之活動方便。生理受損較嚴重的幼兒可能得用到多種輔具（譬如，在桌面做建構遊戲活動時，得用擺位椅來支撐身體；戶外遊戲或是平常生活，得用輪椅或助行器來幫助移動；自由遊戲時，要用墊子，讓身體能側躺；在桌面玩沙或水時，要用站立架來支撐身體）。針對特殊幼兒的障礙程度所做的調整措施整理如**表9-1**。

表9-1 依幼兒的障礙程度所做的調整措施

空間	時間
遊戲場入口處需有足夠空間讓輪椅及助行器移動；空間太大會減少幼兒社會互動；空間大小則會感到壓迫，某些特殊的孩子可能需要特定的替代空間。	幼兒需要足夠的時間去開發一個遊戲情節，部分幼兒需要更多時間去練習新學習來的技能，如果時間允許可以先給幼兒玩具或是先讓幼兒到戶外做好準備，當幼兒有興趣且專注於遊戲時，則時間就必須再做調整，許多特殊幼兒會需要不同的轉換方式。
遊戲器材	**遊戲器材指示**
多樣化的遊戲器材能鼓勵幼兒遊戲，特殊幼兒特別需要較進階的遊戲器材，具有多種玩法的玩具是特別有效的，合作性質的玩具可以引發社會性遊戲，從遊戲與玩具著手可以讓孩子更容易參與遊戲。	大部分的玩具和遊戲器材會提供使用說明，但部分特殊幼兒需要有人協助。此時老師應該：1.引起幼兒的注意；(2)使用幼兒易懂的字彙；(3)將指示分成更細小的步驟；(4)結合文字與圖示；5.依幼兒能理解的程度問問題；6.讓幼兒重複說出指示；7.當幼兒不再需要協助時，褪除肢體協助。
特殊設計輔具	**特殊擺位椅或輔助科技**
示範、文字指示、肢體輔助等，以及視覺提示。	在特殊幼兒的活動場所提供擺位輔具讓幼兒能隨時依靠。適當的設備能協助幼兒的行動，並且提供最好姿勢參與其中，包含改裝玩具、電腦及電動遊戲、座椅等多種輔具器材，都能協助幼兒們交流互動。

第三節 促進特殊幼兒遊戲的方法

　　零歲到六歲是人類認知、人際行動及語言各方面發展的黃金時期。而特殊需求幼兒，由於遺傳、腦傷等因素，造成發展遲緩的現象。在協助特殊幼兒進行認知、肢體活動遊戲時，常受限於幼兒本身的能力及活動的重複性過高，造成事倍功半的反效果。為避免上述問題，指導者常會借助一些教具，讓特殊幼兒的認知、語言、

肢體動作等得到充分的發展。此時，若能採用「遊戲」方式使用教具，一方面能吸引幼兒的興趣，另一方面能降低幼兒對教具的排拒感，讓幼兒從遊戲中自然而然地發展大小肌肉動作、語言、人際互動等能力，利用遊戲也可作爲診斷幼兒發展狀況或治療的手段。此外，透過遊戲的學習，可以很自然的獲得一些日常生活中必備的技能。假若幼兒的遊戲能力提高了，即可參與更高層次遊戲規則之競賽活動。例如：幼兒從單獨遊戲到平行遊戲、聯合遊戲、合作遊戲等各種遊戲型態的演變中，就很自然的獲得學習社會技能的機會。普通幼兒不需要特別指導，就自然的學會遊戲的方法，但是在本章中所指的特殊幼兒就不一定有這種情形，然而遊戲中成人給予特別的安排與指導，幼兒即能獲得更好的效果。在進行遊戲時須注意哪些事項呢？以下提供幾種方法（吳純純等，1999）：

一、遊戲的姿勢

通常幼兒在遊戲時爲了能隨心所欲地玩身邊的各種玩具，必會採取身體感到最輕鬆自在的姿勢。因此幼兒不論是在桌上或是在地板上，都會採取很多不同的姿勢來玩遊戲，這些姿勢雖因身體發展而有差異，但多少都會遵循一定的發展順序及可能性。例如：從仰臥→俯臥→坐姿→爬行→跪姿→扶著東西站立→蹲姿→站立等。

然而，對於特殊幼兒來說，動作發展遲緩、行動笨拙不靈活是顯而易見的。因此成人或教師在指導特殊幼兒遊戲時，必須依據動作發展的順序及方向，循序漸進將不同姿勢搭配融入遊戲中。

舉例來說，許多幼兒是坐著遊戲的，我們可以慢慢誘導他跪著玩。讓幼兒蹲下來拿地板上的積木，再站起來走，把積木放到桌子上，或坐在椅子上站起來，這就是所謂將一連串不同的姿勢移轉變化融入遊戲中。姿勢的改變包括身體重心水平方向的改變（翻

滾、爬行、走路）及垂直方向移動（由坐到站、由躺到四肢爬行到站立）。對於肌肉張力低或年齡較小的兒童而言，他們轉動身體是很困難的，因此也不喜歡做此動作，他們常會像機器人一樣硬邦邦的走路。指導者應有技巧地讓幼兒在不知不覺中轉動身體，例如特殊幼兒在操作有興趣的教具時，可利用教具的操作方法，讓幼兒在不得不轉動身體的情況下練習敲、放、轉等動作來操作教具。

二、遊戲指導者的任務

特殊幼兒通常伴隨專注力短暫，尤其是重度障礙和年齡較小的幼兒，通常不會主動地專心玩教具或玩具，也不能充分享受玩遊戲的樂趣。原因包括：

1. 不會玩。
2. 即使懂得如何玩，但手指靈巧度、兩手協調或手眼協調太差，而無法操作教具。
3. 不懂遊戲規則，無法順利操作。

與其說是不懂教具的樂趣，不如說是得不到操作教具的成功經驗，而造成失敗、挫折、不安的感覺，讓特殊幼兒不願主動去碰觸身邊的教具及事物。因此，「我不會」、「因為不會所以不好玩」、「因為不好玩所以不玩」……形成惡性循環，身為指導者，中斷此惡性循環是責無旁貸的。教師或指導者要讓特殊幼兒主動拿教具來操作，並願意去接觸周遭環境中的事物。以下是指導時可參考的步驟：

1. 教師或指導者慢慢地一步一步操作教具讓幼兒看。
2. 教師或指導者從頭到尾協助幼兒操作教具。

3.讓幼兒自己操作，當他主動操作時不予協助，遇有困難時才協助。

4.讓幼兒從頭到尾操作，針對不正確、困難之處反覆練習。

5.讓幼兒從頭到尾操作，指出他錯誤之處但不予協助，讓他操作直到正確為止。

6.讓幼兒從頭到尾自己操作，在操作時超出幼兒能力的動作會比較笨拙，成人或教師仍給予讚美或實質的鼓勵（增強外在動機）。

7.兒童自己願意慢慢進步，只要做得比以前好，就很高興（內在動機）。

三、交付教具（玩具）的重點

　　教師或指導者把教具或玩具等各種物品交付給幼兒時，是最平常不過的事了。特別是教師或指導者和幼兒一起玩的時候，手和手的交付動作一定會伴隨著出現。當對象是特殊幼兒或年齡較小的幼兒時，「交付」對教師或指導者而言，是極富教育意義的。在交付動作的行為中，以物品作為與幼兒產生感情及心理上的媒介，這與人際互動關係的形成有相當大的關聯。其次，由大到小、由精到細、由長到短、重到輕、由硬到軟，依物品特性有不同的交付方式；再者，由單手到雙手、由強抓到輕觸，依拿取的方式而有各種交付型態。總而言之，交付的狀況視交付方式、接受方式、物品、時間、地點而異。因此，交付時為了不使物品掉落，手指的靈巧度、兩手協調、手眼協調及力量大小都是必須注意的。

　　教師或指導者對於交付教具的行為，須將對人的感情交流、手指或手腕的運動、遊戲或生活情境列入考慮。以下幾個步驟有助於此行為能力的提升：

1. 教師或指導者將物品一個一個交付到幼兒的慣用手（最好是右手上）。在交付的時候，教師或指導者應在兩人的視線之間呈現物品，讓幼兒能在看到物品的同時亦產生目光接觸。

2. 把物品交付到幼兒非慣用手上，再讓幼兒換手拿。

3. 把物品交付到幼兒非慣用手上，不讓幼兒換手拿。

4. 以非慣用手握住物品，在不使物品掉落的情形下，以慣用手拿取物品操作。

5. 在不使物品掉落的情形下，以慣用手接，並以慣用手操作。

6. 兩手均握緊物品，在兩手間把物品一個一個交替放入另一隻手。

四、教具與幼兒間的距離

雖說玩教具時，重度障礙和不會走路的嬰幼兒多半不會移動身體，只會在原地玩。但是，有少數幼兒會扶著東西走或自己走路，並在放著教具的屋子裡不斷移動。幼兒在移動中遊戲，其遊戲的距離具有重要功能，可以賦予其教育意義，並設定幾個教育目標。例如：在裝有紅、白球的籃子中取出球再分別放入兩個籃子中；或從放了積木的籃子中拿出積木，在桌上堆高。像這種情形，一樣是拿積木，但卻產生不同的教育目標。

特殊幼兒要集中注意力通常較困難，他們極易受周圍的刺激影響，行動渙散，記憶力也不好，雖然身體上並無異常，卻很容易看出動作遲緩、不靈活。教師或指導者和幼兒遊戲時，要將「距離」列為要素，也要考慮注意力集中、記憶力及運動體力等。將「距離」列入遊戲的要素，有下列幾個步驟供參考：

1. 把教具放置在幼兒的手能及範圍內。

2.遊戲時移動教具的距離要慢慢加大。

3.移動教具距離的途中可放置障礙物，讓幼兒越、跳過或鑽過去。

4.移動教具距離途中放置別的教具或聲音干擾。

五、遊戲的說明及示範

把教具放置在特殊幼兒的面前，並對他說：「來！玩給我看」，並不能表現出遊戲本身的意義。他們只對少數的教具有興趣，也不會以正確的方式玩教具，「舔」、「啃」、「敲」、「投」、「抓起來丟」等，遊戲方式大都是感官的。幼兒由於對新經驗有警戒、沒有安全感，無法產生興趣或關心。在缺乏興趣的情況下，學習新經驗時既費時又很難理解。因此，讓幼兒學習新經驗最好的方法就是說明示範。當教師或指導者在指導幼兒時，必須有耐性、盡可能具體說明，以幼兒既有的感覺來說明，幫助幼兒理解。遊戲的說明有以下幾個步驟，提供參考：

1.教師或指導者利用教具加上口頭說明，讓幼兒反覆操作。

2.教師或指導者一邊口頭說明，一邊幫助幼兒操作。

3.教師或指導者不說話，只操作教具讓幼兒看。

4.讓幼兒模仿指導者操作教具。

5.教師或指導者以圖示遊戲方式，讓幼兒跟著做。

6.教師或指導者以口頭說明遊戲的方式。

7.教師或指導者以文字說明遊戲方式，讓幼兒念讀。

六、促使幼兒模仿的方法

　　幼兒為了獲得新的行為模式，非「模仿」周圍人們的行為不可。使用教具來遊戲可以得到模仿效果。雖說一般幼兒透過模仿周圍的人如手足、同儕、電視等，能得到許多技能，但是特殊幼兒模仿能力大都很薄弱，周圍可以和他一起玩的同伴不多，總是自己一個人玩，遊戲方式呈固定模式，無法拓展，語言或感情表達的方式也較貧乏。

　　特殊幼兒在模仿上有困難的原因包括：(1)對於動作無法集中注意力觀察；(2)對模仿一連串的動作不能有效記憶；(3)身體運動能力差，不能做出與被模仿者相同的動作；(4)對於新的行為模式不願主動地學習。針對模仿的困難，可配合音樂或歌曲先模仿全身性的大動作，之後再漸漸削弱音樂或歌曲，模仿較精細的動作。以下是一連串模仿動作的順序，提供參考：

1. 教師或指導者做出一連串的動作。
2. 教師或指導者只做一階段的動作，讓幼兒觀察、模仿。
3. 教師或指導者只做出一階段的動作結果，讓幼兒觀察、模仿。
4. 教師或指導者做出一連串的動作，幼兒也跟著做出一連串的動作。
5. 教師或指導者從頭到尾做一遍，讓幼兒看並模仿。

6.只讓幼兒看連環圖畫或圖片，模仿全部動作。

七、遊戲中的記憶

從日常生活的遊戲中學到各種知識、技能及動作能力的經驗，來適應周圍環境，對每個幼兒而言是必要的。累積了豐富的經驗，經過整理、結構尚不能形成「記憶」，必須結合過去的經驗。記憶、意象能力在此時並沒有獲得培養。

對特殊幼兒而言，記憶是很困難的，原因如下：(1)不能反覆也很難記憶；(2)無法結合既有的知識或經驗；(3)太拘泥直接的感覺刺激，應讓其主動用間接、抽象的記憶。在日常生活中融入記憶的活動，而非熟悉的活動。指導順序可依下列步驟進行：

1.直接去碰觸、看、玩教具。
2.在袋中放入幼兒知道的教具，讓幼兒看了後說出名稱，教師或指導者指示幼兒拿出某個教具。
3.讀完圖畫書的內容或日常生活中的事物，教師或指導者問幼兒相關問題。
4.在幼童面前把教具放入袋子或箱子中。

5.以「拿積木和小汽車」、「拿一個紅色積木和兩個藍色的積
　木」等複數的指令，讓幼兒記憶並拿取。

6.在幼兒面前把各種玩具藏在各處，讓他找出來。

7.回想幼兒仍有印象的事：例如：運動會、戶外教學。

八、遊戲概念的形成

　　日常生活中，我們這些大人即使遇到了突發狀況，也不會感
到不安、驚慌或逃離，這是因爲我們對於這些狀況能夠深入理解並
把握狀況。但對幼兒而言，尤其是特殊幼兒，即使是一點點的狀
況，由於理解較慢或無法理解，其心裡會一直感到不安、惶恐，造
成適應不良的現象。

　　我們對於事物的共通性或差異性，可以用「概念」來整合、
分類，以許多方式將錯綜複雜的狀況單純化，理出頭緒。也就是呈
現在自己眼前的許多事物，可予以概念化，經過整理、結構化之
後，來理解現況。

　　像這樣高層次的精神活動，對於特殊幼兒或智能發展遲緩的
幼兒來說，是很困難的。例如：爲了讓幼兒知道「狗」的概念，必
須先由狗存在的條件、特徵讓他理解這不是貓，也不是老鼠。不論
是狗或狗的特徵，都要多方面透過幼兒們擁有的各種感覺，幫助他
理解。例如：小狗有四隻腳，叫聲是「汪汪」等。

　　以下以小汽車玩遊戲爲例來獲得「汽車」的概念，提供參考：

1.讓幼兒用手碰、壓、推、走、敲，去看這個東西的形狀、材
　質、大小，讓他去感覺，問他這個東西的名稱。

2.在用許多小車子玩的各種遊戲中，問幼兒這是什麼。

3.慢慢誘導幼兒去注意汽車的特徵，如輪子、方向盤。

4.讓幼兒從卡車、巴士等許多種類的車子中，去區別及拿取指定的車子。

5.從許多小車子中找出與圖畫或照片一樣的車子。

6.從許多小車子中找出與描繪的輪廓線一樣的車子。

7.依指示「請幫我把汽車拿出來」，從許多教具中拿出指定的小車子。

8.用「卡車」、「巴士」等口語指示，讓幼兒從許多小車子中選出正確的車子。

9.說出教師或指導者手上車子的名稱。

九、類化的挑戰

　　每位幼兒為了確立社會獨立性，必須學習各式各樣的知識、技能及態度。但是，在有限的時間裡，要想從頭到尾用相同的教具玩同一遊戲，之後，教師或指導者再誘導他玩更高層次的遊戲，幼兒還是會有很強的抵抗性。因其固執化、公式化，指導者很難將遊戲擴展開來。再者「為什麼這件事可以做，那件事卻不能做」的情形屢見不鮮，針對這種幼兒，教師或指導者可利用教具與遊戲間的關係如「球─投」、「積木─堆」，培養其類化能力。

　　像這種情況，每個幼兒尤其是特殊幼兒，爲了能夠玩更多的遊戲，並由遊戲中學習類化，下列幾點是必須注意的：

1.刺激的類化：用各種素材、教具來玩一種遊戲或操作方法。如：「摺紙」，用各種不同大小、材質、硬度的紙來摺「船」，也可以用畫的、用黏土做。

2.反應的類化：用一種素材、玩具玩不同的遊戲。例如：紙不只可以「摺」，也可以畫、貼、浸在水中、辨別顏色等，有許多種遊戲方法。對於教具操作的情況，例如：「放進去拔起來」、「拔起來放進去」、「推再拉」、「拉再推」、「黏上去再撕下」、「撕下再黏上」，這樣逆向操作同時進行，在操作性擴大及類化時也可能會降低幼兒的抵抗性。

 ## 第四節　遊戲與評量

　　特殊幼兒評量從初期篩選開始，提醒相關專業人員，幼兒潛在的可能問題，一直到特殊幼兒的個別化家庭服務計劃（IFSP）或個別化教育計劃（IEP）目標的實施成效評估。遊戲評量可以瞭解幼兒在感官、肢體、認知能力、溝通程度、社會與情緒上的發展狀

況，透過遊戲評量所提供的資訊，可作為篩選、診斷、特殊教育服務方案的決定資格、課程與教學計劃、安置、方案執行成效的督導以及整體方案的評鑑。

教育人員進行遊戲評量時，環境的營造務必讓幼兒感到輕鬆、安全，而且是在幼兒最自然的情境中進行。遊戲評量的優點是遊戲程序很有彈性，而且可以隨時依特殊幼兒的情況做調整。父母親也會是評估的一部分，要做任何觀察都不受限制。玩具和情境可因時因地改變，不必像標準化評量必須有嚴謹的標準化程序。

尤其在實務工作上，愈年幼的孩子愈難判定其障礙的類別，而且幼年是發展變動最快速的時期，各種能力與行為都受到很多複雜的生理與環境因素的影響，而產生巨大的可塑性。因此在特殊幼兒的評量上，若能夠使用多種資料與多元專業的判定，才能減少診斷上的偏誤。除了透過多個專業領域人員的聯合判定可以減少評量上的偏誤，透過自然的遊戲情境及誘發幼兒的自發性表現，也是能夠減少評量誤差的有效方法。Toni Linder便提倡運用跨專業的遊戲本位評量（Transdisciplinary Play-Based Assessment, TPBA），認為此模式是一種自然且具功能性的評量形式，是適用於六個月至六歲的障礙幼兒的評量方法，評量的領域包含感覺動作、認知、社會、情緒、溝通以及語言。評量所得到的資料可依不同目的來解釋，包括幼兒的個別化家庭服務計劃（IFSP）或個別化教育計劃（IEP）的設計（Linder, 1993）。

這類的評量必須涵蓋跨領域的專業人員，利用幼兒遊戲時段聯合評估。雖然評估團隊中包括各領域的專業人員，但也要瞭解彼此領域的專業知識。評估團隊中可包括家長以及三位以上的醫療或教育專業人員：如語言治療師、職能治療師、物理治療師、特教老師或心理師。除此之外，社工員、兒童心智科或眼科專業人員也可納入團隊。團隊中選一人當帶動者，另一位向家長解釋流程，鼓勵

家長參與評量。

　　要進行跨專業的遊戲本位評量（TPBA）要在設備完善、自然的遊戲情境，且空間夠大的教室。為了要讓幼兒有選擇的機會，教室內須設有不同的角落。例如：娃娃家區、積木區、美勞區、玩沙區、粗大動作區等等。透過專業團隊聯合評估幼兒真實的遊戲行為與互動表現。評量時要提供多元的玩具和材料，包括社會戲劇要用的道具，例如：小桌子、椅子、洗手檯、瓦斯爐、玩具娃娃的床、穿衣間、電話、毯子、小房間、車庫、農具組、玩具娃娃、積木組合而成的汽車、卡車、積木以及設備齊全的藝術角落、沙堆和水槽可以操作玩具、玩拼圖的區域、粗大動作訓練區如台階、球、平衡木和三輪車等。

　　TPBA評量方法的遊戲結構，依序分為非結構式遊戲、結構式遊戲、兒童間的互動、父母與兒童間的互動、動作遊戲、吃點心六個階段。全部評量活動約需六十至九十分鐘。評量後由參與評量的父母、老師及各領域專家經過嚴密的會商、討論，做成正式報告，以形成系列的處理方案，並由擔任教學的老師加以貫徹施行。做法上雖由各領域專家及父母參與評量，並以遊戲評量為主，但參與評量者，在透過各種會議溝通後，也要能知悉其他領域的基本知能，以便在整個課程方案中，發揮適當的指導功能。

　　TPBA遊戲本位評估模式是很有彈性的，進行的時間及程序，可依照幼兒的年齡、個別需求做調整，可能的話，每一個階段都要錄影記錄。以下就TPBA遊戲本位評估進行方式，分為六個階段說明之（Linder, 1993）：

第一階段：非結構式遊戲（二十到二十五分鐘）

　　引導者鼓勵幼兒加入非結構化的遊戲，由幼兒主導整個過

程，幼兒可自由選擇不同的遊戲區和材料；引導者模仿幼兒的遊戲行為、語言，以遊戲方式與幼兒互動、對話，視幼兒程度，與之進行平行、聯合或合作性遊戲。在這個階段，幼兒可依個人興趣，隨意變化遊戲區域。引導者則須記錄哪些行為或語言是幼兒自發的，哪些又是模仿而來的。引導者可以用遊戲的方式間接教導幼兒新的遊戲方式，除非幼兒表達需要協助，或對一樣工作有強烈興趣，卻無法完成時，才可採直接教導的方式。在這個階段是以幼兒為主，須儘量減少引導者教導的部分。

第二階段：結構式遊戲（十到十五分鐘）

這個階段是由引導者主導，進行認知和語言的活動，其中所需的技能是第一階段沒有觀察到的部分。活動中，孩子被要求進行一些活動，例如：拼圖、畫畫、因果遊戲、高程度的問題解決遊戲、算術等，但這些活動必須引發幼兒的動機，使其願意進行各項活動（建議以遊戲方式進行）。如此，這個階段裡，便可在有限的時間觀察到許多其他階段無法看到的能力。

第三階段：兒童間的互動（五到十分鐘）

這個階段又回到非結構式的遊戲，但須有一名年紀較大、與個案同性別、與個案熟悉且能與同儕有良好互動的普通幼兒。這階段主要比較個案與其他幼兒，兩者之同儕互動方式有何不同。引導者必須在第一階段結束前，利用適當的時機，先將另一位幼兒自然地介紹給個案。這個階段的目的在觀察與評量幼兒的社會性發展，此階段可以觀察到幼兒的遊戲互動和社交技能，也可觀察到幼兒的認知、語言、動作技能。須特別記錄個案在同樣的情境下，面對成

人與同儕有何不同的反應。

　　在這個階段，由幼兒主導整個活動，但若兩個幼兒間沒有互動，引導者可從旁介入使其互動。介紹玩具可有效促進同儕互動。此階段結束後，與個案互動的幼兒必須離開這間教室，可在點心時間時，再邀請他加入，以便觀察兩者進一步的互動。

第四階段：父母與兒童間的互動（十分鐘）

　　請父母中之一位，以家中互動的方式，和孩子遊戲、互動。這個階段可觀察幼兒和父母互動的模式，也可觀察到幼兒其他的技能。可口頭詢問家長，孩子與父母的互動是否與在家裡相同。須觀察幼兒與引導者和家長互動時，不同的地方。本階段的目的是要獲得更多有關幼兒的資訊，觀察者也可以指出父母與幼兒互動較困難的地方，以更進一步進行諮詢診斷。在這階段玩了五分鐘時，父母先告訴幼兒，他們要離開一下，幾分鐘後會回來。在父母離開的這段時間，可觀察幼兒分離時的表現。當父母回來後，也要觀察幼兒的反應。之後，由父母帶著幼兒做較結構式的活動。這個活動必須是幼兒不熟悉且較具挑戰性的活動。因這些活動對幼兒來說要有壓力，故須觀察幼兒對父母的反應，也須觀察父母教導幼兒或幫助幼兒的方式。

第五階段：動作遊戲（十到二十分鐘）

　　剛開始幼兒可以用各運動設施，參與一些非結構式的肢體遊戲，接著，由引導者直接把幼兒帶進非結構化遊戲沒有玩過的活動。此時物理及職能治療師可以一起進行活動，以就近觀察蒐集幼兒肢體動作發展與動作能力的資料。

第六階段：點心時間（五到十分鐘）

　　第三階段的幼兒會一起參加這個階段的吃點心。可觀察幼兒的社會互動、自我照顧、適應行為等技能和口腔肌肉的困難。為了要觀察不同口腔和舌頭的動作，因此選用的點心必須經過挑選。

　　在走完上述的遊戲評估過程約需一個半小時，好處是可獲取詳細的個案發展資料。遊戲階段完成後，聯合評估小組一起開會，分析錄下來的影像，綜合彼此的觀察，然後針對幼兒的認知、社會情緒、語言溝通及感官的發展現況，以詳細、質性的方式記錄。觀察記錄的方式，要避免類似檢核表的格式，而要以豐富的文字敘述質性的部分；不是記錄「有哪些行為」，而是「怎麼發生這些行為」。例如：記錄同儕互動時，我們不使用「能察覺同儕存在」，而是更深入記錄：個案是如何意識到同儕的存在？觀察者必須在正式觀察前，熟悉每個領域的指導語，尤其是手冊上註明要特別注意的部分。接著，聯合評估小組便可發展出初步建議，並寫下正式報告。這份報告可以作為發展個別化教育計劃（IEP），個別化家庭服務計劃（IFSP）、課程設計或診斷幼兒是否有特定型障礙。

　　我國現行特殊幼兒評量、安置工作均由縣市政府特殊兒童鑑定安置輔導委員會辦理，學前特殊幼兒鑑定安置以跨領域遊戲本位評量的方式實施，其做法是在安置特殊幼兒前先做聯合評估，而聯合評估所採的方式就是以跨領域遊戲本位評量的方式。

參考文獻

一、中文部分

吳幸玲（2003）。《兒童遊戲與發展》。台北市：智揚。

吳純純、王寵惠、徐慧美、彭素真、曾秀琪合編（1999）。《遊戲教具的教學應用》。台北市：台北市立師範學院特殊教育中心。

李芸（2007）。《多媒體電腦輔助教學對國中自閉症學生詞彙理解學習成效之研究》。私立中原大學教育研究所碩士論文。

李依蓉（2008）。《以音樂為媒介的社交技能課程對國中特教班學生溝通能力及人際關係成效之研究》。私立中原大學特殊教育研究所碩士論文。

李庭璋（2008）。《視覺障礙學生寂寞之研究》。國立高雄師範大學復健諮商研究所碩士論文。

林弘曆（2008）。《憂鬱傾向兒童在兒童中心取向遊戲治療之歷程分析研究》。國立高雄師範大學輔導與諮商研究所碩士論文。

周宜蓁（2006）。《以繪本教導情緒教育方案對國中智能障礙學生情緒適應行為之成效分析》。國立高雄師範大學特殊教育學系碩士論文。

胡致芬（2000）。《自閉症兒童在自由遊戲及引發情境下的表徵性遊戲之研究》。國立台灣師範大學特殊教育研究所博士論文。

徐享良（2000）。〈緒論〉。載於王文科主編之《特殊教育導論》。台北市：心理。

張正芬、吳淑敏（1998）。《自閉症兒童發展測驗指導手冊》。台北市：國立台灣師範大學特殊教育系。

許天威（2000）。《肢體障礙學生輔導手冊》。台北市：教育部特殊教育工作小組。

許芷菀（2007）。《團體黏土活動應用於注意力缺陷過動症幼兒注意力行為成效之研究》。國立屏東科技大學幼兒保育系所碩士論文。

黃志成、王麗美、高嘉慧（2008）。《特殊教育》。台北市：揚智。

楊賈芬（2005）。《自閉症學生之教育》。台北市：心理。

萬明美（2001）。《視障教育》。台北市：五南。

蔡蓮花（2007）。《繪本應用於輔導國小學童社交技巧之個案研究》。國立屏東科技大學幼兒保育系所碩士論文。

廖珩安（2007）。《憂鬱傾向國小六年級兒童第一次沙遊之沙圖特徵與憂鬱改變效果之初探研究》。私立南華大學生死學研究所碩士論文。

二、英文部分

Bingham, A. (2008). The value of play interventions in special education classrooms. *Principal* (Reston, Va.), 87(5), 22-26, 28.

Fraiberg, S. (1977). *Insights from the Blind: Comparative Studies of Blind and Sightedinfants*. New York: Basics Books.

Frith, U. (1989). *Autism: Explaining the Enigma*. Oxford, UK: Blackwell.

Haskell, S. H. & Barrett, E. K. (1993). *The Education of Children with Physical and Neurological Disabilities* (3rd ed.). London: Chapman Hall.

Hill, P. M. & McCune-Nicolich, L. (1981). Pretend play and patterns of cognition in Down's syndrome children. *Children Development*, 52, 611-617.

Hulme, I. & Lunzer, E. L. (1966). Play, language and reasoning in subnormal children. *Journal of Child Psychology and Psychiatry*, 7, 107-123.

Kirk, S. A., Gallagher, J. J., & Anastasiow, N. J. (2003). *Educating Exceptional Children* (10th ed.). Boston, MA: Houghton Mifflin Co.

Kuhn, L. R., Bodkin, A. E., Devlin, S. D., & Doggett, R. A. (2008). Using pivotal response training with peers in special education to facilitate play in two children with autism. *Education and Training in Developmental Disabilities*, 43(1), 37-45.

Li, A. (1981). Play and the mentally retarded. *Mental Retardation*, 19, 121-126.

Linder, T. W. (1993). *Transdisciplinary Play-based Assessment*. Baltimore: Paul H. Brookes.

Mindes, G. (1982). Social and cognitive aspects of play in young handicapped children. *Topics in Early Childhood Special Education: Play and Development*, 2(3), 39-52.

Mundy, P., Sigman, M., Ungerer, J., & Sherman, T. (1986). Defining the social deficits of autism: The contribution of nonverbal communication measures. *Journal of Child Psychology and Psychiatry*, 27, 657-669.

Murphy, G., Carr, J., & Callias, M. (1986). Increasing simple toy play in profoundly mentally handicapped children. II. Designing special toys. *Journal of Autism and Developmental Disorder*, 16(1), 45-58.

Parsons. S. (1986). Function of play in low vision children (Part 2): Emerging patterns of behavior. *Journal of Visual Impairment Blindness*, 80, 777-784.

Peterson, N. L. (1987). *Early Intervention for Handicapped and at Risk Children: An Introduction to Early Childhood Special Education*. Denver, CO: Love.

Rettig, (1994). The play of young children with visual impairments: Characteristics and interventions. *Journal of Visual Impairment Blindness*, 88, 410-420.

Rutherford, M. D., Young, G. S., Hepburn, S., & Rogers, S. J. (2007). A longitudinal study of pretend play in autism. *Journal of Autism and Developmental Disorders*, 37, 1024-1039.

Schneekloth, L. H. (1989). Play environments for visually impaired children. *Jurnal of Visual Impairment Blindness*, 83, 196-201.

Sigman, M. & Ungerer, J. A. (1984). Cognitive and language skills in autistic, mentally retarded, and normal children. *Developmental Psychology*, 20, 293-302.

Tai, P. (1972). Behavior of young blind children in a controlled play session. *Perceptual and Motor Skills*, 34, 963-969.

Troster, H. & Brambring, M. (1994). The play behavior and play materials of blind and sighted infants and preschoolers. *Journal of Visual Impairment Blindness*, 88, 421-432.

Warren, D. (1984). *Blindness and Early Childhood Development*. New York: American Foundation for the Blind.

Wing, L., Gould, J., Yeates, S. R., & Brierley, L. M. (1977). Symbolic play

幼兒遊戲

in severely mentally retarded and in autistic children. *Journal of Child Psychology and Psychiatry*, 16, 33-48.

Wolfberg, P. J. & Schuler, A. L. (1993). Integrated play groups : A model for promoting the social and cognitive dimensions of play in children with autism. *Journal of Autism & Developmental Disorders,* 23(3), 467-489.

附錄一　兒童及少年福利機構設置標準

（摘取與遊戲有關之條文）

（2007年12月23日修正）

第9條　托育機構應具有下列設施設備：

一、辦公室。

二、保健室。

三、活動室。

四、遊戲空間。

五、盥洗衛生設備。

六、廚房。

七、寢室。

八、其他與服務相關之必要設施設備。

第10條　托育機構室內樓地板面積及室外活動面積，扣除辦公室、保健室、盥洗衛生設備、廚房、調奶台、護理台、沐浴台、儲藏室、防火空間、樓梯、陽台、法定停車空間及騎樓等非兒童主要活動空間後，應符合下列規定：

一、專辦托嬰業務者，合計應達六十平方公尺以上。

二、專辦托兒業務、托兒所兼辦托嬰業務、托嬰中心兼辦托兒業務、托兒所兼辦課後托育業務或專辦課後托育業務者，合計應達一百平方公尺以上。

前項供兒童主要活動空間，室內樓地板面積，每人不得少於一點五平方公尺，室外活動面積，每人不得少於二平方公尺。但無室外活動面積或不足時，得另以其他室內樓地板面積每人至少二平方公尺代之。

第15條　早期療育機構除另有規定外，應具有下列設施設備：

幼兒遊戲

一、辦公室。

二、保健室。

三、活動室。

四、會談室。

五、訓練室。

六、會議室。

七、盥洗衛生設備。

八、廚房。

九、寢室。

十、其他與服務相關之必要設施設備。

前項第一款、第二款及第四款、第三款及第九款規定之設施設備得視實際需要調整併用。

第一項第八款及第九款規定之設施設備於辦理時段療育之機構，得視業務需要設置。

第18條　安置及教養機構，應以滿足安置對象發展需求及增強其家庭功能為原則，並提供下列服務：

一、生活照顧。

二、心理及行為輔導。

三、就學及課業輔導。

四、衛生保健。

五、衛教指導及兩性教育。

六、休閒活動輔導。

七、就業輔導。

八、親職教育及返家準備。

九、獨立生活技巧養成及分離準備。

十、追蹤輔導。

十一、其他必要之服務。

第20條　安置及教養機構生活空間之規劃，應以營造家庭生活氣氛
　　　　為原則，視服務性質設置下列設施設備：

　　　　一、辦公室。

　　　　二、保健室。

　　　　三、多功能活動室。

　　　　四、會談室。

　　　　五、圖書室。

　　　　六、客廳或聯誼空間。

　　　　七、餐廳。

　　　　八、盥洗衛生設備。

　　　　九、廚房。

　　　　十、寢室，包括工作人員值夜室。

　　　　十一、其他與服務相關之必要設施設備。

　　　　前項第一款至第三款及第五款之設施設備，得視實際情形
　　　　調整併用；並得視業務需要增設調奶台、護理台、沐浴
　　　　台、育嬰室、職訓室、會議室、情緒調整室、會客室、健
　　　　身房、運動場等設施設備。

第25條　心理輔導或家庭諮詢機構室內樓地板面積不得少於七十五
　　　　平方公尺，並應具有下列設施設備：

　　　　一、辦公室。

　　　　二、輔導室。

　　　　三、保健室。

　　　　四、教室。

　　　　五、活動室或遊戲室。

　　　　六、會議室。

　　　　七、閱覽室。

　　　　八、盥洗衛生設備。

九、其他與服務相關之必要設施設備。

前項第一款及第三款,第四款至第七款之設施設備得視實際情形調整併用。

第28條　收出養服務機構室內樓地板面積不得少於七十五平方公尺,並應具有下列設施設備:

一、辦公室。

二、會談室。

三、活動室。

四、會議室。

五、盥洗衛生設備。

六、其他與服務相關之必要設施設備。

前項第三款及第四款之設施設備得視實際情形調整併用。

第30條　福利服務機構應針對兒童及少年及其家庭成員,提供下列服務:

一、個案服務。

二、團體服務。

三、社區服務。

四、外展服務。

五、轉介服務。

六、親職教育。

七、親子活動。

福利服務機構除提供前項服務外,並得視需要提供諮商服務、閱覽服務、遊戲服務、資訊服務、休閒或體能活動或其他福利服務。

第31條　福利服務機構室內樓地板面積不得少於一百五十平方公尺,並應具有下列設施設備:

一、辦公室。

二、會談室。

三、活動室

四、會議室。

五、盥洗衛生設備。

六、其他與服務相關之必要設施設備。

前項第三款及第四款之設施設備，得視實際情形調整併用；並得視業務需要增設遊戲室、保健室、閱覽室、電腦室、運動場等設施設備。

第32條　福利服務機構應置專任主管人員一人，綜理機構業務，並置下列人員：

一、社會工作人員。

二、心理輔導人員。

三、行政人員或其他工作人員。

前項第一款人員應至少一人為專任；第二款人員得以特約方式辦理。

福利服務機構提供兒童及少年遊樂設施或體能活動者，應置專人管理並提供必要之指導。

附錄二 遊戲教學設備標準

壹、原則

一、本標準所列各項設備，係以促進幼兒健康、認知、社會性、情緒與創造力發展為目的所應設置的基本設備。

二、各園應秉持前述原則，參酌各項設備所具備之功能，隨時選購添置，予以充實。

三、各園應注意各項設備之安全、堅固與經濟性。

四、各項設備應放置於幼兒易於取放之處，以達到充分利用和幼兒自主之目的。

五、各項設備應備有不同尺寸或難易度，以兼顧幼兒能力與興趣之個別差異。

貳、設備

項目	名稱	單位	數量標準				備註
			5班以下	6~10班	11~15班	16班以上	
(一)感官遊戲	水箱	台	1	1	2	2	附盛水及測量工具。
	砂箱	台	1	1	2	2	附挖及盛的工具。
	黏土（陶土）	塊	每班20	每班20	每班20	每班20	
	樂器	組	每班5	每班5	每班5	每班5	各種能發展幼兒之音感的器具。
	聽音筒	個	每班1	每班1	每班1	每班1	以下為蒙特梭利教具。
	嗅覺瓶	支					
	觸摸板	種					表面不同質料。
	重量板	組					輕重不同的各種板。
	音感鐘	組					
	味覺瓶	支					
	神秘袋	個	5	10	15	15	內裝各種實物。
	圓柱體	組	5	10	15	15	
	粉紅塔	組	5	10	15	15	
	棕色梯	組	5	10	15	15	

項目	名稱	單位	數量標準				備註
			5班以下	6~10班	11~15班	16班以上	
	長棒	組	5	10	15	15	
	色板	組	5	10	15	15	
	幾何圖板	組	5	10	15	15	平面、立體與各種顏色、形狀。
(二)肌肉運動遊戲	跳墊（海綿墊）	塊	每班1	每班1	每班1	每班1	墊上可附印數字。
	跳床	座	每班1	每班1	每班1	每班1	
	球與球籃	組	每班1	每班1	每班1	每班1	球的大小與材料力求變化。
	室內滑梯及攀爬架	座	1	1	2	2	
	隧道	座	1	1	2	2	
	跳箱	台	1	2	3	3	
	積木	套	5	10	15	20	海綿、硬紙、木質、塑膠製等大型小型均有。
	沙袋	個	2	5	7	10	
	氣球傘	個	3	5	7	7	
	橡膠繩	條	5	10	15	20	橡皮圈接成，長短自取。
	呼拉圈	個	20	40	50	60	
	健康板	組	2	4	5	7	
(三)建構及思考遊戲	積木	組	1	2	3	3	應備有不同大小及材料之積木。
	投環	組	每班1	每班1	每班1	每班1	備有大小及質料不同之環。
	拼圖	塊	每班10	每班10	每班10	每班10	應備有不同複雜度之拼圖。
	卡片遊戲	套	每班5	每班5	每班5	每班5	包括數字概念、語言邏輯關係等。
	串珠	串	每班10	每班10	每班10	每班10	或其他促進手眼協調的器材。
	雪花片	盒	每班1	每班1	每班1	每班1	
	籌碼	盒	每班1	每班1	每班1	每班1	蒙特梭利算術教具。
	紡錘棒箱	箱	每班1	每班1	每班1	每班1	蒙特梭利算術教具。
	數塔	組	每班1	每班1	每班1	每班1	蒙特梭利算術教具。
	數棒	組	每班1	每班1	每班1	每班1	蒙特梭利算術教具。
	彩色珠	組	每班1	每班1	每班1	每班1	蒙特梭利算術教具。
	塞根板	組	每班1	每班1	每班1	每班1	蒙特梭利算術教具。
	科學儀器	組	1	3	5	7	

項目	名稱	單位	數量標準				備註
			5班以下	6~10班	11~15班	16班以上	
(三)建構及思考遊戲	水族箱	座	1	2	3	4	
	培養皿	個	每班5	每班5	每班5	每班5	
	磁鐵	個	每班20	每班20	每班20	每班20	
	六色毛線球	組	每班1	每班1	每班1	每班1	福祿貝爾第一恩物。
	三立體	組	每班1	每班1	每班1	每班1	福祿貝爾第二恩物。
	立方體	組	每班1	每班1	每班1	每班1	福祿貝爾第三、四、五、六恩物。
	面	組	每班1	每班1	每班1	每班1	福祿貝爾第七恩物。
	線	組	每班1	每班1	每班1	每班1	福祿貝爾第八恩物。
	環	組	每班1	每班1	每班1	每班1	福祿貝爾第九恩物。
	點	組	每班1	每班1	每班1	每班1	福祿貝爾第十恩物。
(四)扮演遊戲	娃娃等人物模型	個	每班5	每班5	每班5	每班5	
	填充玩具	套	4	8	10	10	如玩具熊。
	玩偶	個	每班10	每班10	每班10	每班10	
	衣服及帽子等化妝道具	套	2	4	4	4	包括衣、帽、皮包、假髮、鞋等。
	家具模型	組	每班1	每班1	每班1	每班1	
	各種行業之制服及工具	套	2	4	6	6	如消防隊員之制服及其他。
	屏風板	塊	10	20	40	50	
	交通工具模型	組	每班1	每班1	每班1	每班1	
	廚具模型	組	每班1	每班1	每班1	每班1	
(五)語文故事書	圖畫故事書	本	每班30	每班30	每班30	每班30	視每班人數增減。
	錄音帶及錄音機	套	每班1	每班1	每班1	每班1	
	圖卡	套	每班5	每班5	每班5	每班5	視各班需要圖案、文字、大小不同。
	章戳	個					
	表演台	座	1	3	5	7	
	布偶台	座	3	5	7	10	
	故事圖架	架	3	5	7	9	

項目	名稱	單位	數量標準				備註
			5班以下	6~10班	11~15班	16班以上	
（六）美勞遊戲	紙張	張	每班30	每班30	每班30	每班30	視每班人數增減。
	畫筆	盒	每班30	每班30	每班30	每班30	適合幼兒抓握的尺寸。
	畫架	台	每班30	每班30	每班30	每班30	適合幼兒坐畫之尺寸。
	剪刀	支	每班30	每班30	每班30	每班30	鈍頭剪刀。
	膠水（漿糊）	瓶	每班30	每班30	每班30	每班30	
	打洞機	台	1	1	2	2	
	釘書機	支	每班1	每班1	每班1	每班1	
	膠帶	卷	每班1	每班1	每班1	每班1	
	布	塊	每班10	每班10	每班10	每班10	視各班需要。
	線	個	每班10	每班10	每班10	每班10	視各班需要。
	縫衣針	支	每班30	每班30	每班30	每班30	鈍頭，長約5公分。
	原子泥土	塊	每班30	每班30	每班30	每班30	

幼教叢書 26

幼兒遊戲

作　　者／黃志成、林少雀、王淑楨
出 版 者／揚智文化事業股份有限公司
發 行 人／葉忠賢
總 編 輯／閻富萍
執行編輯／李鳳三
地　　址／台北縣深坑鄉北深路三段 260 號 8 樓
電　　話／(02)8662-6826
傳　　真／(02)2664-7633
網　　址／http://www.ycrc.com.tw
 E-mail ／service@ycrc.com.tw
印　　刷／鼎易彩色印刷股份有限公司
 I S B N ／978-957-818-971-3
初版一刷／2010 年 9 月
定　　價／新台幣 350 元

國家圖書館出版品預行編目資料

幼兒遊戲 ＝Early childhood play / 黃志成、林
少雀、王淑楨著. -- 初版. -- 臺北縣深坑
鄉：揚智文化, 2010.09
　　面；　　公分. --（幼教叢書；26）

ISBN 978-957-818-971-3（平裝）

1.幼兒遊戲　2.幼兒教育　3.兒童發展

523.13　　　　　　　　　　　　　99016122